초등학생이 꼭 알아야 할
대한민국 국토 지질 명소 36

떠나자!
우리 땅 지리 대탐험

이효녕, 최문희, 김경석, 권유지 지음
최문희 기획 | 경북대학교 지구과학교육 연구실 감수 | 박주희 그림

바이킹

추천사

이 책은 우리나라 지질 명소 중에서 정말 아름답고 신기한 곳들에 대해서 아주 쉽고 친절하게 설명하고 있습니다. 특히 초등학교 교사들이 집필에 참여하여 초등학생들이 쉽게 이해할 수 있도록 소개하고 있습니다. 이 책에 소개된 지질 명소 중 자신이 살고 있는 지역 근처의 지질 명소를 직접 방문해서 관찰한다면, 과학 탐구 능력과 과학적 소양을 증진시키는 데 큰 도움이 될 것이므로 적극 추천합니다.

－김경수, 지질학(고생물학) 전문가, 《대학 지구과학 개론》 공저자

우리나라는 매우 아름답고 가치 있는 자연유산이 많습니다. 특히 지질학적으로 귀중한 장소가 전국 곳곳에 존재합니다. 초등학생들이 아름다운 지질 명소를 직접 방문하지 않더라도 이 책을 통해 여행하듯이 이들 명소들을 학습할 수 있을 것입니다. 또한 이 책은 학생들이 이들 명소를 직접 방문할 때 좋은 길잡이가 될 겁니다. 저도 이 책을 가지고 여행을 떠나 봐야겠습니다.

－이현동, 초등과학교육 전문가, 《초등 지구과학 지질학 강의 노트》 저자

'아이와 전국을 여행한다면 어디로 가면 좋을까?' 부모라면 한 번은 이런 고민을 합니다. 이 책은 여행의 추억을 쌓고 학교 수업에 도움을 줍니다. 초등학생이 꼭 알아야 할 대한민국 국토 지질 명소 36곳을 소개합니다. 캐릭터들의 대화로 여행지를 쉽게 이해시키고, 사진으로 호기심을 느끼게 하지요. 초등, 중등 교과서를 분석하여 여행지와 관련해 꼭 알아야 할 과학 지식을 설명하는 책입니다. 초등학생을 둔 부모님이라면 이 책과 함께 전국 지리 대탐험을 떠나면 좋겠습니다.

-이인희, 초등교육전문가,《그림책 놀이수업의 기적》 저자

초등학생 시절에 가장 중요한 것 두 가지를 꼽아 본다면 '독서'와 '여행'일 것입니다. 이 책은 지구과학교육과 교수님과 세 명의 초등학교 교사의 여행 안내서입니다. 이 책을 읽다 보면 '아~이곳이 이런 이유로 유명하구나!'라는 생각이 저절로 들게 됩니다. 여행을 좋아하는 저 역시도, 이번 주말에 책에서 알려 준 가까운 곳부터 아이들과 떠나 볼 계획입니다.

-윤동학, 초등교육전문가,《신세계 초등 과학 수업》 공저자

이 책을 읽는 친구들에게

방방곡곡 멋진 지질 명소를 만나 보자! 세상을 바라보는 눈이 넓어질 거야!

안녕? '과학'이 좋아서 아직도 열심히 '공부'를 하고 있는 선생님이야. 선생님은 대학생 언니 오빠들과 함께 지질 탐방이나 답사를 다니곤 해. 그때마다 다들 눈을 똥그랗게 뜨며 "세상에, 우리나라에도 이런 곳이 있었어요?"라고 놀란단다. 책으로만 공부를 해서는 우리가 딛고 있는 지구와 자연을 제대로 탐구할 수 없다는 것을 알게 되지. 학교 체험 학습이나 여름 방학에 갔던 곳을 떠올려 보렴. 사진은 많이 찍고 왔어도 땅의 생김새나 돌의 종류 등을 자세히 살펴본 적이 있니? 버섯바위는 왜 버섯 모양인지, 돌에는 왜 구멍이 나 있는지 궁금한 적은 있을 거야.

우리가 여러 나라를 많이 다녀봤지만, 우리나라만큼 멋진 곳이 또 없어. '금수강산'이라는 말 알지? 비단에 수를 놓은 듯이 아름다운 우리나라 산과 강이라는 뜻이야. 우리나라 자연환경은 세계에서도 으뜸으로 꼽혀. 이렇게 아름다운 자연이 어떻게 만들어졌는지 알려 주려고 해. 우리나라에서 가장 오래된 암석은 약 25억 년 전에 만들어졌대. 지구의 역사가 46억 년 정도 되는데 나이가 약 25억 년이나 된 바위가 우리나라에 있다니 신기하지? 우리나라는 거의 모든 지질 시대의 암석을 지닌 나라야. 작지만 가진 게 많지. 이 책에서 소개하는 모든 곳을 다 가 본다면 결코 우리나라가 작다고 느껴지지 않을걸?

우리나라를 여행하며 지구의 멋진 모습을 볼 수 있었으면 좋겠어. 밤하늘에 쏟아지는 은하수, 봐도 봐도 신기한 기암괴석, 자연이 만들어 낸 멋진 동굴, 우리나라에 살았던 공룡을 만날 수 있는 화석 산지 등 위대한 자연을 만나 보자구.《떠나자! 우리 땅 지리 대탐험》을 손에 들고 우리나라 구석구석을 두 발로 걷는다면 어느새 지구 박사가 되어 있을걸? 우리가 딛고 있는 이 땅, 우리나라, 지구를 잘 알고 사랑한다면 세상이 이전보다 더 아름답게 보일 거야! 그럼 우리 같이 발걸음을 힘차게 내디뎌 볼까?

우리 땅 지리 탐험대 소개

지구쌤

MBTI: ENFJ 좋아하는 음식: 복어지리 좋아하는 가수: 이문세, 존 덴버

인자하고 따뜻한 성품. 혼을 내실 때도 따뜻하다. 지구를 사랑하고, 아이들도 사랑한다.

나혜성(별명: 썽)

MBTI: ENTJ 좋아하는 음식: 밀가루 음식 좋아하는 가수: 더보이즈

호기심과 궁금증으로 똘똘 뭉침. 성격이 밝고 활발하다. 처음 보는 사람들과도 이야기를 잘한다. 하지만 성격이 다혈질에다가 이름도 성으로 끝나 썽으로 불린다.

김산(별명: 산박사)

MBTI: ISTJ 좋아하는 음식: 찌개, 김치 좋아하는 가수: 뉴진스

부끄럼이 많고 걱정이 많다. 그런데 의외로 아는 것도 많고, 똑똑하다. 소심해서 말도 잘 못하는 줄 알았는데, 할 말은 다 하고, 아는 체도 잘한다.

이해나(별명: 공주)

MBTI: ENFP 좋아하는 음식: 사탕, 초콜릿 좋아하는 가수: BTS

귀엽고 사랑스러움. 깨끗하고 예쁜 것을 좋아한다. 자연이 주는 아름다움에 감사할 줄 안다. 느낀 점을 잘 표현해 여러 사람에게 감동을 준다.

미리 보는 우리나라 탐험 지도

인천-인천기상대

포천-한탄강 세계지질공원

평창-육백마지기

태백-태백 고생대자연사박물관

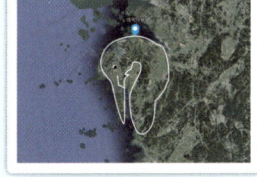
당진-왜목마을

단양-고수동굴

고창-운곡습지

경주-양남 주상절리

나주-나주평야

고성-상족암군립공원 공룡 발자국

거제-몽돌해변

제주도-금오름 왕매

교과 연계 단원

1장
- 초등 4학년 1학기 2단원 물의 상태 변화
- 초등 4학년 1학기 3단원 땅의 변화
- 초등 4학년 2학기 4단원 기후변화와 우리 생활
- 초등 5학년 1학기 1단원 지층과 화석
- 중등 2학년 지권의 변화
- 중등 3학년 날씨와 기후변화
- 중등 3학년 수권과 해수의 순환

2장
- 초등 3학년 2학기 2단원 지구와 바다
- 초등 4학년 1학기 3단원 땅의 변화
- 초등 4학년 2학기 1단원 밤하늘 관찰
- 초등 5학년 1학기 1단원 지층과 화석
- 초등 6학년 1학기 4단원 지구의 운동
- 중등 2학년 별과 우주
- 중등 2학년 지권의 변화
- 중등 3학년 수권과 해수의 순환

3장
- 초등 4학년 1학기 3단원 땅의 변화
- 초등 5학년 1학기 1단원 지층과 화석
- 중등 2학년 지권의 변화

4장
- 초등 3학년 1학기 2단원 동물의 생활
- 초등 3학년 2학기 2단원 지구와 바다
- 초등 4학년 1학기 3단원 땅의 변화
- 초등 4학년 2학기 1단원 밤하늘 관찰
- 초등 5학년 1학기 1단원 지층과 화석
- 초등 6학년 1학기 4단원 지구의 운동
- 초등 6학년 2학기 1단원 계절의 변화
- 중등 1학년 과학과 인류의 지속가능한 삶
- 중등 1학년 태양계
- 중등 2학년 별과 우주
- 중등 2학년 지권의 변화
- 중등 3학년 수권과 해수의 순환

5장
- 초등 4학년 1학기 3단원 땅의 변화
- 초등 4학년 2학기 1단원 밤하늘 관찰
- 초등 5학년 1학기 1단원 지층과 화석
- 중등 2학년 별과 우주
- 중등 2학년 지권의 변화

6장
- 초등 4학년 1학기 3단원 땅의 변화
- 초등 4학년 2학기 1단원 밤하늘 관찰
- 초등 4학년 2학기 4단원 기후변화와 우리 생활
- 초등 5학년 1학기 1단원 지층과 화석
- 초등 6학년 2학기 1단원 계절의 변화
- 중등 1학년 태양계
- 중등 2학년 빛과 파동
- 중등 3학년 날씨와 우리 생활
- 중등 3학년 지권의 변화

7장
- 초등 3학년 2학기 2단원 지구와 바다
- 초등 4학년 1학기 3단원 땅의 변화
- 초등 4학년 2학기 2단원 생물과 환경
- 초등 5학년 1학기 1단원 지층과 화석
- 중등 1학년 생물의 구성과 다양성
- 중등 2학년 지권의 변화
- 중등 3학년 수권과 해수의 순환

8장
- 초등 3학년 2학기 2단원 지구와 바다
- 초등 4학년 1학기 3단원 땅의 변화
- 초등 5학년 1학기 1단원 지층과 화석
- 초등 5학년 1학기 2단원 빛의 성질
- 초등 6학년 2학기 1단원 계절의 변화
- 중등 1학년 태양계
- 중등 2학년 빛과 파동
- 중등 2학년 지권의 변화
- 중등 3학년 수권과 해수의 순환

9장
- 초등 3학년 2학기 2단원 지구와 바다
- 초등 4학년 1학기 3단원 땅의 변화
- 초등 5학년 1학기 1단원 지층과 화석
- 중등 2학년 지권의 변화
- 중등 3학년 수권과 해수의 순환

차례

추천사 ... 2
이 책을 읽는 친구들에게 ... 4
우리 땅 지리 탐험대 소개 ... 6
미리 보는 우리나라 탐험 지도 ... 7
교과 연계 단원 ... 8

1장 사람도 많고 갈 곳도 많다
서울 인천 경기도

- **서울** 한강의 시작과 끝을 말하다 ... 14
- **인천** 우리나라 최초의 기상 관측소, 100년 역사 인천기상대 ... 20
- **포천** 한탄강 세계지질공원을 따라 비둘기낭부터 교동가마소까지 ... 26
- **연천** 용암이 만들어 낸 좌상바위와 은대리 판상절리 ... 34

2장 대자연의 아름다움을 그대로 간직하다
강원특별자치도

- **태백** 고생대의 신비를 간직한 태백 ... 40
- **영월** 한반도 지형을 닮은 선암마을 ... 46
- **강릉** 바위에 소원을 빌면 아들을 낳는다고요? 강릉 소돌 아들바위 ... 51
- **고성** 금강산을 그리워하는 울산바위 이야기 ... 55
- **평창** 나랑 별 보러 가지 않을래? 청옥산 육백마지기 ... 62

3장 지구의 발자취를 따라서

대전　**충청북도**

대전	지구 역사를 찾아 떠나는 여행, 지질박물관 견학기	68
단양	물과 시간이 만나 빚어낸 작품, 고수동굴	73
충주	폐광의 아름다운 변신, 활옥동굴	79
옥천	호수 위에 산이 떠 있는 부소담악	85

4장 하늘에서 땅으로 땅에서 바다로

충청남도

아산	뜨거운 물이 퐐퐐퐐, 온양온천	90
서산	하루에 두 번 사라졌다 나타나는 신기한 다리가 있다! 웅도	95
태안	나랑 은하수 보러 갈래? 운여해변	102
당진	서쪽에서 일출을 볼 수 있는 왜목마을	107

5장 자연의 위대함과 경이로움

경상북도

포항	찾아라! 지구의 보물, 화석	112
문경	문경새재를 지나지 않으면 한양에 못 간다	117
경주	기울어지고 누워 있는 신기한 주상절리	124
청송	태고의 신비를 간직한 흰바위 백석탄과 포트홀의 비밀	130
영천	우리나라 최고의 천문대를 찾아서	135

6장 속속들이 보물로 가득한 곳

울산 **경상남도**

울산	1월 1일, 우리나라에서 가장 먼저 해가 뜨는 간절곶	142
고성	공룡 발자국과 함께 떠나는 과거 여행	147
밀양	여름에도 얼음이 어는 얼음골	152
거제	돌돌돌돌, 좌르르 몽돌해변	157

7장 사람과 자연이 함께하는 곳

전북특별자치도

진안	불쑥 솟은 두 개의 봉우리 마이산	162
고창	반딧불이를 찾아 떠나는 운곡습지	166
부안	변산반도의 멋진 채석강과 해식 동굴	173
군산	생명 다양성의 보고! 군산 갯벌 이야기	178

8장 맛있는 음식만 있는 게 아니야

광주 **전라남도**

광주	너덜너덜 광주 무등산 너덜겅 바윗돌	182
나주	너른 평야에서 맛있는 쌀이 나온다	187
진도	세방마을, 우리나라 최고의 노을을 찾아서	191
홍도	우리나라는 다도의 나라	195

9장 이렇게 예쁜지 몰랐네

제주특별자치도　**울릉도**　**독도**

제주특별자치도　오름이 뭐수깡? 산이 뭐수깡?　　　202
제주특별자치도　수월봉 지질트레일 뜨거웠던 그때를 기억하며　　　207
울릉도　좋은 기운이 가득한 나리분지에서 캠핑을　　　215
독도　독도를 눈에 담기 위해 부지런히 눈을 깜빡이다　　　222

사진으로 찾아보기　　　226
도움받은 책 및 사이트　　　228
찾아보기　　　229

1장

사람도 많고
갈 곳도 많다

서울 / 인천 / 경기도

서울

한강의 시작과 끝을 말하다

- 어제 한강 불꽃놀이 봤니?
- 불꽃놀이는 역시 한강이지요.
- 정말 어제 사람들이 한강변에 모두 모인 것 같았어요.
- 난 TV로 봤어. 한강이 우리가 아는 것보다 훨씬 더 길던데요.
- 그럼, 한강은 우리나라에서 낙동강 다음으로 긴 강이야. 강원에서 시작된 강물은 인천을 지나 황해로 흘러가지.
- 저는 한강에서 유람선 타는 게 소원이에요.

● 한강의 낮과 밤

한강이 시작하는 발원지는 검룡소

검룡소는 강원 태백시 금대봉에 있고, 해발 800m에 위치합니다. 물은 검룡소에서 시작해 36개의 도시를 지나면서 12개의 하천을 만난 후에 한강을 이룹니다. 검룡소에서는 매일 2,000t의 물이 솟아 나오는데, 이 물은 아주 깨끗한 일급수의 물입니다. 사계절 내내 9℃ 정도의 수온을 유지해서 한겨울에도 얼지 않고 물이 흘러 내려옵니다.

검룡소(출처: 한국관광공사)

검은 용이 살고 있어서 검룡소래!

- 신기한 이야기 하나 해 줄까?
- 네! 뭔가요?
- 검룡소에서 조금 내려가면 흐르는 물이 갑자기 사라지는 신기한 순간을 볼 수 있어.
- 어머! 물이 어디로 갔을까요?
- 비밀은 바로 땅에 있어.

검룡소에서 조금 내려가면 흐르는 물이 갑자기 사라집니다. 갑자기 물이 사라지는 이유는 뭘까요? 그것은 바로 위에서 흘러 내려오는 물들이 땅속으로 스며들었기 때문입니다. 이 지대는 빗물에 잘 녹는 석회암으로 이루

물의 순환

어져 있어서 비가 오면 물이 땅속으로 흘러 들어가는 구조입니다. 검룡소에서 내려가다 보면, 흘러 내려오는 물이 동전 정도 크기의 작은 구멍 속으로 흘러 들어가서 땅속 지하수로 흐르는 복류 현상도 볼 수 있습니다.

물의 순환 과정

대기 중에 있는 수증기는 안개, 이슬, 비가 되어 땅에 떨어집니다. 땅으로 떨어진 물은 땅 밖에서 흐르는 물과 땅속으로 흐르는 물이 만나 작은 하천을 이루고, 작은 하천이 점점 커져 커다란 물줄기로 커져 가는 것입니다. 이러한 물의 이동 과정을 '물의 순환'이라고 합니다.

검룡소에서 강원 정선의 아우라지로

검룡소에서 흐르는 물은 강원 정선의 아우라지에서 강의 모습을 갖추게 됩니다. 강원 태백의 검룡소에서 시작한 물줄기는 강원을 벗어나기 전에 엄

- 검룡소를 갔다가 강원 정선에 들러 보렴.
- 정선에는 왜요?
- 검룡소에서 흐르는 물이 정선에서 강이 되거든.
- 산에서 흐르는 물이 강이 되고 바다가 되는 거 맞죠?
- 산이 말이 맞아. 정선에서는 강뿐만 아니라 멋진 지형도 볼 수 있단다.

청나게 아름다운 세월의 조각품을 만들어 놓았습니다. 바로 아우라지입니다. 아우라지에서는 잔잔한 강의 모습을 볼 수 있고, 정선의 병방치에서는 수직 절벽과 구하도를 볼 수 있습니다. 이 수직 절벽은 융기해서 생겼습니다. 구하도는 과거에는 하천이었으나 현재는 물이 흐르지 않고 하천의 흔적만 남아 있는 지형입니다. 또 정선은 절벽과 곡류를 즐길 수 있는 동강 래프팅이 유명합니다.

정선 아우라지(출처: 한국관광공사)

동강에서 래프팅하는 사람들

한반도 지형 지도
한강이 동쪽에서 서쪽으로 흐르는 이유

한반도는 언제 어떻게 만들어졌을까요? 2,500만 년 전 일본이 대륙에서 떨어져 나가 동해가 형성되고 한반도가 융기했습니다. 융기란 지각 운동에 의해 지반이 점차 상승하는 현상입니다. 한반도는 동쪽으로 많이 융기하게 되어 태백산맥을 이루고 지금과 같은 동고서저의 특징을 갖추게 되었어요. 그래서 강은 높은 동쪽에서 낮은 서쪽으로 흐릅니다.

동쪽에서 시작해 흐르던 강은 경기도 여주에 이르러 평야 지대를 만나 새로운 여행을 시작합니다. 여주, 이천을 지나는 남한강의 모습을 보면 모래가 많은 것을 볼 수 있어요. 남한강 상류는 석회암 지대이지만, 중류 아래쪽은 주로 모래의 주성분인 석영이 포함된 화강암 지대이기 때문이랍니다.

동쪽의 산간 지대와 달리 여주, 이천에서 발달한 평야 지대는 남한강의 풍부한 수량 덕분에 논농사가 크게 발달했습니다. 남한강은 경기도 양평의 두물머리에서 북한강과 만나 합쳐지면서, 우리나라 제1의 강인 한강의 모습을 갖추게 되었습니다. 한강은 수량이 풍부하고 땅이 비옥해서 삼국 시대부터 서로 차지하려고 치열하게 싸웠던 격전장이기도 합니다.

더욱이 '한강의 기적'이라고 표현하듯이 1970년대 우리나라가 산업화를 거치면서 한강의 모습은 급격한 변화를 겪게 되었습니다. 1960년대에는 사람들이 뚝섬에서 빨래하고, 한강에서 채소를 씻고, 돛단배를 타고 다니고,

청계천에서 수영하기도 했지만 1970년대 한강을 개발하면서 지금 한강처럼 변했어요.

　해마다 봄이 되면 참게들이 한강을 거슬러 올라오고, 성체가 되는 가을이 되면 바다로 나가 산란을 합니다. 그래서 우리는 강을 생명의 터전이라고 부릅니다. 강은 꾸준히 모래를 실어 나릅니다. 유속이 느린 곳에 도착하면 그 모래를 내려놓고, 또 다른 생명이 그곳에서 자리를 잡지요. 여의도 앞 한강만 해도 200여 종의 동식물들이 살아가고 있어요. 발원지 검룡소로부터 500km를 힘차게 달려온 한강은 파주에서 임진강으로 빠져나가며 긴 여정을 마칩니다.

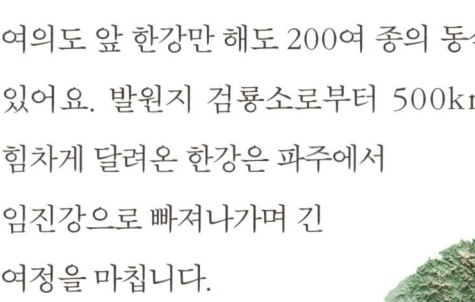

높은 산지는 갈색, 평지는 초록색이야.

인천

우리나라 최초의 기상 관측소, 100년 역사 인천기상대

- 오늘 날씨가 이렇게 맑은데 비가 온다고?
- 산이야, 무슨 말을 혼자 그렇게 하고 있어?
- 오늘 집에서 나오는데 엄마가 비가 올 거라며 우산을 챙겨 가라고 했거든. 그런데 비는커녕 구름도 안 보여. 괜히 우산 들고 나왔나 봐.
- 맞아, 나도 오늘 비가 온다고 들었어!
- 그럼, 정말 비가 오는지 알아볼까?
- 날씨 예보가 그렇대요. 오늘 비가 온다고….
- 날씨 예보는 누가 하는지, 어떻게 예측하는지 알고 있니?
- 뉴스에서 기상 캐스터가 예보하는 것 아닌가요?
- 기상청 예보관이 날씨를 예측한단다. 먼저 날씨를 어떻게 예측하는지 알아보자.

세계기상의 날

　세계기상의 날은 세계기상기구(WMO)에서 세계기상협약 체결(1950. 3.23.)을 기념하고자 10주년이 되는 1961년부터 시작되었습니다. 기후 위기와 기상 업무의 중요성을 널리 알리기 위해 매년 3월 23일에 개최됩니다.

 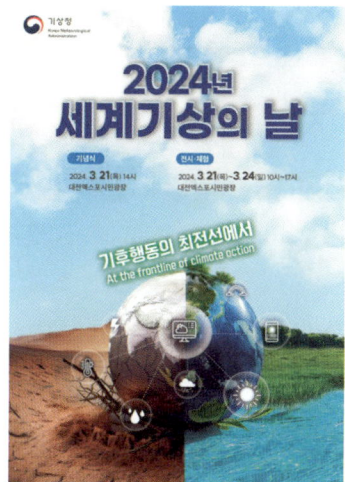

2023-2024 세계기상의 날 포스터

🧒 지구쌤! 기상 업무가 중요한가요?

👨 이렇게 생각해 보면 쉬울 것 같구나! 조금 전 너희들이 이야기한 것처럼 날씨가 화창한데, 갑자기 비가 온다고 생각해 보자. 어떤 일이 일어날까?

🧒 미처 우산을 챙기지 못해 비를 쫄딱 맞을 거예요….

👨 그렇지. 산이 어머니가 예보를 듣고 미리 우산을 챙겨 준 것처럼 기상 상황을 알려 줘야 사람들이 대비를 할 수 있어. 생명이나 재산 피해를 최소화할 수 있는 것이지. 농사를 짓는 사람들에게 날씨는 생계와 깊게 연관되어 있어. 그만큼 기상 정보는 아주 중요하다고 할 수 있단다.

🧒 늘 기상 정보를 알려 주니깐 그렇게 중요한지를 생각도 못했네요.

🧒 그런데 기상 정보는 어떻게 알 수 있나요?

그래서 오늘은 기상 관측과 기상 예보, 지역 기상 서비스 등 기상 업무를 수행하는 기관인 기상대를 한번 가 보려고 해.

기상대요? 처음 들어보는데 기상청과는 다른가요?

글쎄… 기상대에 직접 가서 물어보자구!

기상청과 기상대

기상청은 우리나라의 기상 및 기후를 전체적으로 관측하여 예보하는 일을 합니다. 하지만 지역마다 기후가 다르기 때문에 수도권 기상청을 포함해 각 지역에 지방 기상청, 기상대, 기상 관측소를 통해 기상 정보를 수집하고 있습니다. 즉 기상대는 기상청에 소속된 하나의 기상 관측소를 말합니다.

지방 기상청이 없는 경우 기상대가 그 역할을 맡기도 합니다. 우리나라에는 전국에 45개소의 기상대가 있습니다.

인천기상대의 옛 모습

인천기상대의 현재 모습

우리나라 최초의 기상 관측소, 인천기상대

우리나라 최초의 근대식 기상 관측소인 인천기상대는 1905년에 세워졌습니다. 러일 전쟁을 준비하고 있던 일본이 군사 작전에 필요한 기상 상황을 파악하기 위해 인천에 측후소(기상대의 옛 이름)를 세운 것이었습니다.

인천기상대는 중앙관상대로 기상 업무를 맡았다가 1953년 국립중앙관상대가 서울로 옮기면서 다시 인천측후소가 되었습니다. 이후 1992년 인천기상대로 승격했습니다. 지금의 인천기상대 청사는 2013년에 새로 건립되면서 다양한 관측 장비를 갖추었습니다.

> 인천기상대에는 지진 데이터를 생성하는 세계지진관측망이 있어요. 기상대로 오르는 돌계단 옆에 있어요.

인천기상대로 올라가는 돌계단(1928년 설치)

세계지진관측망

기상대에서 지진도 관측해요

기상대에서는 단순히 일기 예보를 위한 정보뿐만 아니라 지진, 화산, 천문 등 다양한 분야에서 정보들을 수집합니다. 일기 예보의 정확도를 높이기 위해 기상 관측 자료와 슈퍼컴퓨터를 이용합니다. 각 관측 장비에서 수집된 정보는 기상청으로 전달되어 기상 예보관의 분석을 통해 기상 예보를 합니다. 1963년 미국지질조사소가 주관하는 세계지진관측망 사업을 통해서 우리나라 최초로 인천기상대에 세계지진관측망이 설치되어 지진 측정을 했습니다.

기상 관측에 식물도 필요하다고요?

기상대에서 쓰이는 기상 관측 장비는 다양합니다. 운고계, 방사선 감지기, 적설계 등이 있으며, 개화 시기를 확인하는 관측표준목도 있습니다. 기상대에 있는 관측표준목에서 꽃이 피어야 공식적인 개화로 인정됩니다. 또한 지역별로 계절의 빠르고 늦음의 차이를 분석하기 위해 관측표준목을 통해 계절 관측을 합니다.

식물 관측표준목(매화)

식물 관측표준목(복숭아)

● 기상대에서 쓰이는 다양한 기상 관측 장비

지상 기상 관측 장비

백엽상(온도계, 습도계 등이 들어 있음)

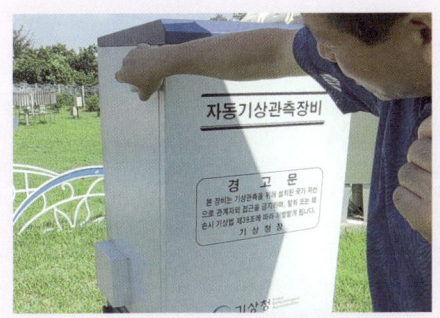
자동 기상 관측 장비

운고계(구름의 높이를 잼)

방사선 감지기

적설판/적설계(쌓인 눈의 깊이를 잼)

한탄강 세계지질공원을 따라 비둘기낭부터 교동가마소까지

포천

🧒 한탄강에 가 본 적 있니?

👧 작년 여름에 가족들과 래프팅 하러 간 적 있어요.

👦 저도 몇 년 전에 간 적 있어요.

👧 그럼 한탄강 일대가 유네스코 세계지질공원으로 지정되어 있는 건 아니?

👧 유네스코가 지정한 세계지질공원이라고요? 멋져요! 특별한 점이 있나요?

🧒 한탄강 주변이 용암으로 만들어진 멋진 지형이기 때문이란다. 얼마나 멋진지 탐험해 볼까?

한탄강 세계지질공원센터

　한탄강은 철원, 포천, 연천까지 이어지는 아주 긴 강입니다. 이 강 주변에는 진기하고 멋진 지질 명소들이 많습니다. 한탄강은 2020년 7월 10일 유네스코 세계지질공원으로 지정되었고, 여러 지질 명소들 역시 유네스코에서 그 가치를 인증한 세계지질유산입니다.

한탄강 세계지질공원센터

지질문화관 내부 전시 모습

한탄강은 어떻게 만들어졌을까?

한탄강이 만들어진 것은 화산 폭발과 관계가 있습니다. 북한 지역에서 일어난 화산 폭발로 분출된 용암이 옛 한탄강을 메우며 철원, 포천, 연천, 파주까지 흘러서 큰 용암 대지를 만들었습니다. 이 용암 대지가 식으며 주상절리가 만들어졌습니다. 이후 오랜 시간 동안 침식이 진행되며, 한가운데 협곡이 만들어져 지금의 한탄강이 흐르게 된 것입니다. 철원부터 연천까지 다양한 지질 명소가 있습니다.

비둘기낭 폭포

푸른 물 색이 블루 사파이어 보석같이 빛나는 비둘기낭 폭포는 아름다운 풍경으로 사람들이 많이 찾는 명소입니다. 천연기념물로 지정되어 있어서 아래까지 내려갈 수는 없습니다. 비둘기낭이라는 이름이 붙은 이유는 여러 가지 설이 있습니다. 근처에 산비둘기들이 많이 살아서 둥지라는 뜻의 낭을 붙여 비둘기낭이라고 불렀다는 설도 있고, 비둘기낭 폭포 모양이 비둘기둥지를 닮았다고 해서 비둘기낭이라고 불렀다는 설도 있습니다. 비둘기낭 폭포 뒤로 있는 동굴은 하천에서 물의 침식 작용으로 생긴 하식 동굴입니다. 비둘기낭 폭포에서 떨어진 물이 좁고 가파른 협곡을 지나며 주변 지형을 많이 깎아 주변 바위들 모양이 둥근 편입니다.

> 해식 동굴은 바다에 생기는 동굴이고, 하식 동굴은 하천에 생기는 동굴이에요.

비둘기낭 폭포와 주변 모습

멍우리협곡

한탄강 주변에서 주상절리 협곡을 많이 볼 수 있습니다. 아름다운 풍경 때문에 많은 사람들이 트레킹 코스로 좋아합니다. 그중 멍우리협곡은 주상절리가 깊고 웅장해 '한국의 그랜드 캐니언'이라는 별칭이 붙었습니다. 하지만 멍우리협곡의 이름에는 재미있는 뜻이 있습니다. 술 먹고 가다 넘어지면 멍이 든다고 해서 생긴 이름이라고 합니다.

멍우리협곡의 모습

한탄강 주상절리

한탄강의 주상절리는 한쪽은 절벽처럼 가파른데, 다른 한쪽은 경사가 완만한 것이 특징입니다. 완만한 쪽은 비교적 무른 성질의 돌로 되어 있어 침식이 잘 일어나 훨씬 더 완만한 지형이 되었습니다. 반면 절벽이 있는 곳은 침식이 잘 일어나지 않는 단단한 암석으로 이루어져 절벽처럼 가파릅니다.

한탄강 주변에는 멋진 주상절리 협곡을 볼 수 있어요!

하늘다리에서 내려다본 모습

현무암에서 볼 수 있는 가스 튜브

주상절리에서 만난 특별한 돌, 현무암

일반적으로 현무암은 용암이 지표면에서 빠르게 굳어진 암석으로 보통 검고 구멍이 뻥뻥 뚫려 있습니다. 현무암에 뚫려 있는 구멍을 기공이라고 부릅니다. 용암이 지표면으로 분출하여 흐를 때, 용암 속에 있던 가스 성분들은 용암의 바깥쪽으로 이동하여 공기 중으로 날아가 버립니다. 이와 같이 용암에서 가스 성분이 빠져나간 공간이 굳으면 기공이 생깁니다. 이렇게 기공이 모여 있는 것을 가스 튜브라고 합니다. 하지만 용암의 안쪽 부분은 가스 성분이 남아 있지 않기 때문에 기공이 거의 없습니다. 한탄강에서 현무암의 단면을 볼 수 있는 절벽이나 주상절리에 가면 기공이 없는 현무암을 관찰할 수 있습니다.

교동가마소

가마솥을 엎어 놓은 것처럼 동글동글하게 생겨서 교동가마소라고 합니다. 여기서 소는 물웅덩이를 뜻하는 말입니다. 물이 구불구불 흐르는 모습이 꼭 제주도의 쇠소깍을 닮았습니다. 이곳은 한탄강의 지천인 건지천으로,

교동가마소 모습

용암이 건지천을 따라 역류하다가 식은 곳입니다. 교동가마소는 지질학적으로 굉장히 중요한 곳입니다. 후고구려를 건국한 궁예가 여기서 목욕했다는 이야기가 전해지는 곳이기도 합니다.

포천의 아우라지 베개용암

두 갈래의 물줄기가 만나는 곳을 아우라지라고 합니다. 영평천과 한탄강이 만나는 아우라지에 베개용암이 있습니다. 용암이 식어 만들어진 부분이 베개를 쌓아 놓은 것처럼 생겨 베개용암이라고 합니다. 위쪽에는 주상절리가 많이 발달해 있고, 아래쪽에는 동글동글한 모양으로 용암이 굳어져 있는 걸 볼 수 있습니다. 베개용암은 지표면을 따라 흐르던 용암이 급속도로 굳으면서 만들어집니다. 용암이 영평천과 한탄강, 이 두 개의 강이 만나는 지점에서 차가운 강물을 만나 급속도로 식은 암석이지요. 베개용암은 특히 물이 가까이 있는 바닷가에서 많이 생기는데, 육지에서는 잘 발견되지 않아서 대단한 가치가 있습니다.

● 포천 아우라지 베개용암

포천 아우라지 베개용암과 주상절리의 모습

위쪽은 주상절리, 아래쪽은 베개용암!

연천

용암이 만들어 낸 좌상바위와 은대리 판상절리

🧑 연천을 탐험해 볼까? 아래 사진 속 장소가 어디일까? 포천에서 아주 가까운 곳이고 좀 전에 지나쳐 온 곳이야.

🧒 저, 알 것 같아요. 아까 오면서 잠깐 본 엄청나게 큰 바위 아니에요?

🧑 맞아! 좌상바위라고 불러. 엄청나게 크기 때문에, 이 동네 사람들에게는 신성시 되는 바위지.

👧 이렇게 큰 바위는 어떤 암석들이 모여서 만들어진 것이에요?

🧑 좌상바위는 거대한 현무암 덩어리야. 현무암이니 당연히 화산 활동으로 만들어 졌겠지? 좌상바위에 보이는 하얀색 세로줄 무늬는 풍화 작용으로 생긴 거야.

좌상바위

좌상바위의 세로줄

> 백의리층은 절벽의 가장 아래쪽에 아주 조금 드러나 있어요.

습곡과 단층

지층이란 자갈, 모래, 진흙 등이 시간이 지나면서 한 켜씩 쌓여 층을 이루고 있는 것을 말합니다. 지층은 지구 내부의 힘이 작용해 모양이 변하는데, 휘어진 지층을 습곡이라고 하며, 끊어져 어긋난 지층을 단층이라고 합니다.

한탄강의 백의리층

현무암 절벽 아래, 아직 암석으로 변하지 않고 흙, 자갈 등이 섞여 있는 퇴적층을 백의리층이라 부릅니다. 연천군 청산면 백의리 한탄강변에서 처음 발견되었습니다.

백의리층

백의리층은 주로 역암층이라 다양한 자갈과 암석이 포함되어 있습니다. 위쪽에는 화산 활동으로 만들어진 암석으로 된 절벽이 있습니다.

은대리 판상절리

은대리 판상절리에서는 판상절리, 클링커, 베개용암, 백의리층을 다 찾아볼 수 있습니다. 일반적으로 용암이 식으면 주상절리라는 기둥 모양의 절리가 생기는데, 옆으로 누워 있는 판자 모양이 겹겹이 쌓인 것처럼 생긴 부분을 판상(또는 물고기 비늘 모양)절리라고 합니다. 그중 클링커는 용암이 공기와 만나 먼저 식어서 만들어진 거칠고 부서진 부분을 말합니다. 클링커와 함께 베개용암도 볼 수 있어요. 클링커나 베개용암 밑에 아직 단단해지지 않은 퇴적층이 백의리층입니다.

은대리 판상절리에서 보이는 클링커, 베개용암, 백의리층

은대리 바위에 있는 습곡 구조

은대리에 있는 바위를 보면 아름다운 무늬가 바위에 새겨져 있습니다. 처음부터 휘어 감기는 모양으로 바위가 생긴 것이 아니라 나중에 휘어진 것입니다. 퇴적암으로 층층이 쌓여 있던 층리(결)가 시간이 지나면서 아주 큰 압력과 높은 온도 때문에 휘어진 것이에요.

확대한 습곡 구조

부안에 있는 습곡 지형

전북 부안군에도 유명한 습곡 지형이 있습니다. 바로 '큰달'을 뜻하는 대월 습곡입니다. 대월 습곡은 2023년 10월에 천연기념물로 지정되었습니다. 아직 굳지 않은 지층이 큰 힘을 받아 밀렸기 때문에 이렇게 굽은 모양의 습곡 구조가 된 것으로 추측하고 있습니다. 부안군 채석강에 간다면 대월 습곡까지 꼭 들러 보시길 바랍니다.

부안 대월 습곡(출처: 부안군 홈페이지)

2장

대자연의
아름다움을
그대로 간직하다

강원특별자치도

태백

고생대의 신비를 간직한 태백

- 혹시 〈박물관이 살아있다〉라는 영화 본 적 있니?
- 네, 박물관에 전시된 동물과 사람 모형들이 살아서 움직이고, 박물관 경비원이 잡으러 다니는 영화잖아요. 그 영화 배경이 미국 자연사박물관이라고 들었어요.
- 맞아! 그 영화 배경이 뉴욕에 있는 자연사박물관이야. 자연사박물관은 어떤 곳인 것 같아?
- 자연사라면… 자연의 역사를 전시해 놓은 박물관이 아닐까요?
- 맞아. 자연사박물관은 흙에 관한 이야기, 화석 이야기, 천문에 관한 내용, 생물에 대한 이야기 등을 다루고 있어. 태백에 있는 자연사박물관으로 가 볼까?

태백 고생대자연사박물관

태백 고생대자연사박물관 전시실

태백 고생대자연사박물관

태백은 우리나라에서 유일하게 전기 고생대 지층이 관찰되는 곳입니다. 박물관 근처에 있는 구문소도 고생대에 만들어진 특별한 지형입니다. 그래서 태백에 고생대자연사박물관이 지어졌습니다.

지질 연대표

지구가 탄생한 약 46억 년 전부터 현재까지를 지질 시대라고 합니다. 지질 시대는 새로운 생물의 출현이나 큰 변화, 지각 변동, 기후 변동 등으로 구분을 하는데, 선캄브리아대, 고생대, 중생대, 신생대로 나눌 수 있습니다. 우리나라는 국토의 면적이 작은 나라이긴 하지만, 선캄브리아대부터 신생대까지 모든 지질 시대에 생긴 암석이나 지형을 찾아볼 수 있습니다.

선캄브리아대의 암석 중 하나는 영덕군 대진리 일대에 있는 편마암으로 약 20억 년 전 고원생대(원생대 중)에 만들어졌습니다. 고생대 암석은 강원 태백에서 많이 찾아볼 수 있습니다. 단양의 고수동굴은 고생대의 석회암층

지질 시대	선캄브리아대		고생대						중생대			신생대	
	시생대	원생대	캄브리아기	오르도비스기	실루리아기	데본기	석탄기	페름기	트라이아스기	쥐라기	백악기	제3기	제4기

지질 연대표

에 만들어진 동굴입니다. 고성의 공룡 발자국과 새 발자국 화석, 진주 백악기의 공룡 발자국 화석은 중생대에 만들어졌습니다. 마이산의 타포니 지형과 부안의 채석강도 중생대에 만들어진 암석입니다. 신생대에 생긴 지형으로는 울릉도와 독도가 있습니다. 연천과 포천의 한탄강 주변 지형도 신생대에 만들어진 지형입니다.

> 태백 고생대자연사박물관에는 정말 재미있는 게 많네요. VR 체험도 있고 로봇이 안내해 주고요. 여기서도 〈박물관이 살아있다〉 영화를 찍으면 될 것 같은데요?
>
> 여기 오길 잘한 것 같아요.
>
> 삼엽충 화석을 봤는데, 너무 신기해요.
>
> 그렇지? 우리나라도 공룡 발자국이나 화석이 나온 곳은 많이 있지만 특히 태백에는 고생대 화석이 많단다. 삼엽충 화석이 발견되었다는 것을 통해 옛날에 태백이 바다였다는 것을 알 수 있지.

태백 고생대자연사박물관 VR 체험

태백 고생대자연사박물관 안내 로봇

구문소

태백 고생대자연사박물관에서 가까운 곳에 구문소가 있습니다. 구문소는 물이 흐르면서 구멍을 뚫어 놓은 곳입니다. 구문소를 지나는 황지천은 원래는 구문소의 남서쪽으로 크게 돌아 들어가는 곡류 하천이었습니다.

구문소의 모습

그러다 오랜 시간을 두고 조금씩 뚫리던 구문소가 완전히 뚫려 지금처럼 여기로 강이 흐르게 된 것입니다.

황지천이 흐르는 동굴, 구문소

구문소의 전설

옛날에 구문소가 뚫리기 전에 동쪽에는 청룡이, 서쪽에는 백룡이 살고 있었다고 합니다. 청룡과 백룡이 낙동강을 서로 자기 것이라며 싸웠는데, 어찌나 싸움이 격렬했는지 천둥 번개가 치고, 안개가 일어 앞이 안 보일 정도였습니다. 어느 날 백룡이 꾀를 내어 바위 아래로 내려와 동굴을 뚫고 공격하여 청룡을 물리쳤는데, 이때 뚫린 동굴이 구문소였다고 합니다.

구문소 옆 석문에 얽힌 이야기

태백 사람들은 부자가 되어 다른 지역으로 이사를 갈 때나 돈을 들고 이동할 때는 구문소와 구문소 옆에 있는 석문으로는 지나가지 않는다고 합니다.

구문소로 들어가는 물줄기

이 석문을 지나가면 돈이 다 녹아 버린다고 생각했기 때문인데요. 왜 그런 생각을 했을까요? 석문은 일제강점기 때 일본인들이 우리나라 자원을 수탈하기 위해 뚫었습니다. 이 석문을 통해 석탄을 빼앗기는 것을 본 사람들은 몹시 안타깝게 여겼습니다. 그래서 석탄이 일본에 가기 전에 다 녹아 버리면 좋겠다고 마음 깊이 빌었던 것이죠. 이러한 믿음이 지금도 전해져 오고 있답니다.

구문소 쪽에서 바라본 석문

자연사박물관 쪽에서 바라본 석문

일제강점기 때 일본이 석탄을 수탈하기 위해 뚫은 석문

영월

한반도 지형을 닮은 선암마을

🧑 얘들아, 한반도를 한눈에 보려면 어떻게 볼 수 있을까?

👧 비행기를 타고 갈 때 내려다봤는데, 잘 안 보였어요. 구름이 많기도 하고 한반도를 보려면 더 높이 올라가야 될 거 같아요.

👧 음, 인공위성에서 보내온 사진으로 볼 수 있잖아요.

🧑 그렇지. 그럼 인공위성이 없던 조선 시대에 지리학자 김정호가 한반도 지형을 그대로 따라 그린 대동여지도가 얼마나 대단한지 알 수 있겠지? 오늘은 한반도 지형을 그대로 닮은 선암마을로 가 볼 거야.

👦 선암마을 알아요. 한반도 지형을 닮은 마을이라고 들었어요.

🧑 정말로 한반도의 지형과 닮았는지 확인해 보러 갈까?

👧 네, 좋아요!

한반도 지형의 특징

우리나라 지형은 동고서저의 경동성 지형입니다. 또 S자로 동서가 좁고 남북으로 길게 늘어져 있습니다. 삼면이 황해, 남해, 동해에 둘러싸여 있고, 북쪽은 압록강과 두만강을 경계로 만주 지역에 접합니다.

영월의 한반도 지형

영월의 한반도 지형은 강원 고생대국가지질공원에 속해 있습니다. 이 한반도 지형을 감싸고 흘러가는 하천이 평창강입니다. 평창강은 강의 상류 부분에서 산골짜기 사이를 흐르는 감입 곡류 하천입니다. 강이 기반암이나 산맥을 깎으며 나아가는

위성 사진으로 본 선암마을

것이 어려워 옆으로 침식하여 나가지 않고 하방, 즉 아래쪽으로 더 깊게 침식하며 흐릅니다. 그래서 감입 곡류 하천 근처는 산으로 둘러싸여 있는 곳이 많습니다. 반면에 자유 곡류 하천은 강의 하류 부분에서 측방 침식, 즉 옆으로

한반도 지형인 선암마을

😊 구불구불하게 흐르는 강은 모두 똑같은 곡류천인 줄 알았는데 다르네요.

😊 강의 상류에서 흐르는지, 하류에서 흐르는지에 따라 달라지네!

😊 맞아. 앞에서 봤던 정선 아우라지는 어느 하천일까?

😊 남한강 상류에 있었으니 감입 곡류 하천이에요!

😊 그렇지. 아래 사진은 영월과 나주의 한반도 지형이야. 둘 다 멋지지?

😊 감입 곡류 하천이나 자유 곡류 하천이나 둘 다 똑같이 멋진 한반도 지형을 만들어 냈으니 크게 칭찬해 줘야겠어요.

😊 하하하! 돌리네도 한번 살펴볼까?

😊 돌리네라구요?

😊 카르스트 지형 중 하나인데, 재미있는 풍경을 볼 수 있단다.

평창강(서강)은 감입 곡류 하천이에요.

영산강은 자유 곡류 하천이에요.

평창강이 만든 영월 한반도 지형

영산강이 만든 나주 한반도 지형

침식 작용을 하여 자유롭게 방향을 바꾸며 흘러 나갑니다. 자유 곡류 하천은 평야나 충적지 주변에서 많이 발달합니다.

돌리네

영월 한반도 지형 주변은 석회암 지대입니다. 석회암의 주성분인 탄산 칼슘이 빗물 속 이산화 탄소 때문에 녹으면서 움푹하게 웅덩이처럼 파인 곳을 돌리네라고 합니다. 돌리네처럼 석회암으로 이루어진 땅이 지하수나 빗물 등에 의해 녹아서 생긴 지형을 카르스트라고 합니다. 카르스트 지형에는 돌리네, 우발레(돌리네가 점점 커져서 생김), 석회 동굴 등이 있습니다. 영월의 고씨동굴도 석회 동굴입니다. 영월 한반도 지형 주변은 나무와 풀에 가려서 잘 보이진 않지만, 주변보다 많이 낮아진 돌리네 지형을 볼 수 있습니다. 또 영월이 시멘트의 주 성분인 석회암 지대라서 시멘트 공장도 흔히 볼 수 있습니다.

석회암은 시멘트의 주재료예요.

선암마을 주변의 시멘트 공장

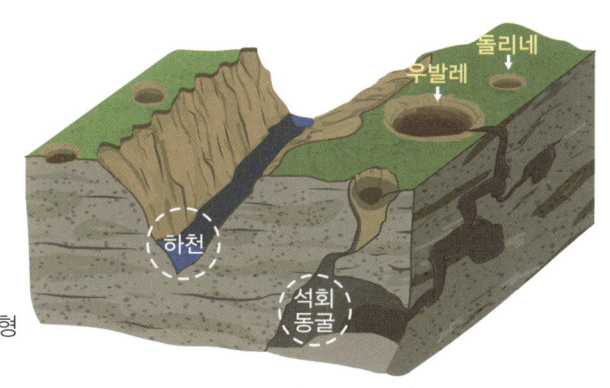

카르스트 지형

영월 평창강에 있는 선돌

선돌은 한자어로 '立石(입석)'이라고 씁니다. '서 있는 돌'이라는 뜻입니다. 선돌은 높이가 70m나 되는 바위로, 원래는 왼쪽에 있는 바위 절벽에 붙어 있었습니다. 바위 절벽에서 석회암으로 이루어진 부분이 물에 녹아내려 만들어진 것으로 추측합니다. 선돌에서 소원을 빌면 소원이 이루어진다는 전설이 있습니다.

선돌

선돌 전망대에서 본 일몰

강릉
바위에 소원을 빌면 아들을 낳는다고요? 강릉 소돌 아들바위

- 🧒 아들바위에 대한 이야기를 들어 본 적 있니?
- 👦 아들바위요? 엄마바위 옆에 있는 건가요?
- 👧 산이야, 방금 아재 개그 같았어.
- 🧑 하하하! 강릉 소돌마을에 있는 아들바위 이야기를 말하는 거야.
- 👩 이야기가 재미있을 것 같아요.
- 🧑 소돌마을은 마을 형상이 소 모양으로 생겨서 소돌이라는 지명이 생겼다고 하는구나. 아들바위는 소돌마을에 있는 명물이지.
- 👦 그런데 왜 아들바위인 거죠?
- 🧑 아들바위에 있는 사연 때문이라는구나.

소돌마을 지형

해안가로 내려가는 길

소돌마을과 아들바위

　소돌마을은 마을 모양이 소 모양으로 생겨서 소돌이라는 지명이 되었다고 합니다. 옛날 사람들은 소 형상의 지형이 자손의 번창을 가져다준다고 믿었습니다. 소돌마을과 달리 아들바위는 모양 때문에 붙여진 이름이 아닙니다. 옛날에 자식을 낳지 못해 애를 태우던 부부가 이 바위를 다녀간 뒤에 아들을 낳았다는 이야기가 퍼지면서 아들바위로 불리게 되었습니다. 바위에 의미가 더해져서 특별한 명소가 된 것이죠. 예전에는 삼치가 많이 잡혔다고 해서 삼치바위로 불렸는데 1998년부터 강릉시에서 이 바위를 아들바위로 명명했습니다.

앞에서 바라본 아들바위

위에서 본 아들바위

　바위 모양이 정말 특이해요. 누군가 잘 다듬어 놓은 것처럼 보여요.

　아들바위는 대략 1억 5,000만 년 전 쥐라기 시대에 지각 변동으로 땅 위로 솟은 바위란다. 파도에 깎였다고 하기에는 너무 정교해 보이지? 이곳 소돌마을 주변에

- 는 신기한 바위들이 많단다.
- 네. 그런데 이런 바위들은 어떻게 생겨난 것인가요?
- 일반적으로 파도에 의한 침식과는 또 다른 차이가 있어. 이러한 지형을 흔히 타포니 지형이라고 하는데 암석이 떨어져 나가는 것이란다.
- 암석이 떨어져 나간다고요?
- 그게 무슨 뜻인지 알아보자.

타포니 지형

    침식은 바위나 돌, 흙이 바람이나 흐르는 물 등에 의해서 깎이는 것입니다. 반면 타포니 지형은 파도가 밀려와 암석 뒤쪽에 바닷물이 고이고 이 바닷물에 있는 소금 성분들이 바위 사이로 침투합니다. 이후 소금 결정들이 자라면서 틈 사이가 벌어지고 바위들이 떨어져 나가 구멍이 생긴 것입니다. 일반적으로는 하나의 커다란 구멍으로 된 것을 타포니라 하고, 보다 작은 여러 개 구멍이 벌집처럼 있는 것을 벌집 풍화라고 합니다. 타포니는 특이한 모양 때문에 예부터 숭배받기도 했는데, 바다가 있는 곳에서 이런 지형들을 많이 볼 수 있습니다. 대표적인 타포니 지형으로는 능파대 바위 지형이 있습니다. 하지만 이런 지형들이 바닷가뿐만 아니라 산지 내륙에서 형성되는 경우도 있습니다. 대표적인 곳으로 마이산이 있습니다. 마이산은 겨울철 바위 사이에 있던 물들이 얼고 녹으면서 암석들이 떨어져 나와 벌집 모양의 구멍이 생긴 것입니다. 마이산은 세계 최대 규모의 타포니 지형이 발달한 곳입니다.

● 타포니 지형

타포니 기암괴석(코끼리바위)

벌집 풍화된 기암괴석

능파대

마이산

고성
금강산을 그리워하는 울산바위 이야기

- ♪ 누구의 주제런가 맑고 고운 산 그리운 만이천봉 말은 없어도~ ♪
- 지구쌤, 무슨 노래예요?
- <그리운 금강산>이라는 노래지. 우리나라 가곡이야.
- 그리운 금강산이요? 지구쌤, 금강산에 가고 싶으세요?
- 아하하하, 금강산에 가 보고 싶지.
- 진짜 금강산에는 봉우리가 만이천 개나 되는 거예요?
- 실제 봉우리 수는 아니란다. 금강산에 직접 확인하러 가면 참 좋을 텐데…. 지금은 갈 수 없지만 멀리서나마 금강산을 볼 수 있는 곳이 있어.
- 저, 어딘지 알아요. 통일전망대에 가면 금강산을 볼 수 있대요.
- 오, 혜성이가 잘 아는구나. 금강산을 보려면 통일전망대에 가야 하는데, 통일전망대 자체가 북한이랑 가까워서 방문하려면 여러 가지 절차가 필요해.

고성 통일전망대

통일전망대 출입신고소

안보교육관

통일전망대

　통일전망대에 가려면 출입신고소에서 서류도 작성하고, 안보 교육도 받아야 합니다. 검문대도 통과해야 하고 군사 안보를 위해서 아무 데서나 내릴 수 없고 사진도 찍으면 안 되는 등 지켜야 할 수칙이 있습니다.

　고성 통일전망대에는 멀리서나마 자신들이 살았던 삶의 터전을 보고 싶어 하거나 북한에 있는 가족을 그리워하는 실향민들이 많이 찾아옵니다.

- 금강산이 어딘지 한번 찾아볼래?
- 혹시, 저기 아니에요? 저 수려한 기암괴석과 봉우리가 많은 곳이요.
- 해나가 바로 맞혔네, 바로 앞에 있는 구선봉을 보고 금강산이라고 할 줄 알았는데.
- 오늘 날씨가 좋아서 그런지 멀지만 조금 보이는 것 같아요.

금강산

구선봉

울산바위

　울산바위는 설악산에 있는 엄청나게 큰 바위로, 고성군 토성면과 속초시 설악동까지 걸쳐 있습니다. 한눈에 봐도 거대한 울산바위는 단단한 화강암으로 이루어져 있습니다. 지금까지 울산바위를 볼 수 있는 것도 풍화에 잘 견디는 화강암체로 만들어져 있기 때문입니다. 울산바위는 '산이 울린다.'는 뜻으로 붙여진 이름입니다. 예전에는 '바람 소리가 크게 울린다.'라는 뜻의 천후산으로 불리기도 했습니다.

울산바위의 전설

옛날에 금강산이 만들어질 때, 옥황상제께서 전국에 있는 모든 바위를 금강산으로 불러 모았습니다. 세상에서 가장 예쁘고 멋진 금강산의 일만 이천 봉을 만들기 위해서였습니다. 울산에서 올라가던 울산바위가 지금의 설악산에 다다랐을 때, 벌써 금강산의 일만 이천 봉이 다 만들어졌다는 이야기를 전해 들었습니다. 금강산으로 갈 필요가 없어진 울산바위는 도로 울산으로 내려가면 놀림을 받을 것이기 뻔했기 때문에 되돌아가지 않았습니다. 이렇게 설악산 자락에 울산바위가 눌러앉았다는 전설이 내려옵니다.

미시령터널 쪽에서 바라본 울산바위

능파대의 타포니 지형

울산바위에서 바다 쪽으로 가다 보면 능파대가 있습니다. 능파대도 강릉의 소돌 아들바위처럼 타포니 지형입니다. 능파대에 있는 타포니 모습을 살펴보면 구조가 다양하다는 것을 알 수 있습니다. 특히 구멍 안쪽에 또 구멍이 있는 이중 구조로 된 타포니도 있습니다.

능파대의 입구 안내판

능파대의 타포니 모습

BTS가 화보를 찍어서 더 유명해졌어요.

화강암과 규장암

화강암은 풍화 작용을 받으면 표면의 입자가 울퉁불퉁하고 거칠거칠해지는데 규장암은 비교적 평평하고 매끈합니다. 화강암의 색깔은 밝은 회색빛이 돌고, 규장암은 연한 분홍빛이 돕니다.

규장암은 주로 석영과 장석으로 구성되어 있습니다. 풍화가 되면 고령토가 되기 쉬우며 도자기의 재료로 사용됩니다.

화강암(위)과 규장암(아래)

서낭바위와 부채바위

서낭바위는 화강암으로 된 바위 사이 사이에 규장질 마그마가 뚫고 들어간 바위입니다. 규장질 마그마가 그대로 굳어 규장암이 되었습니다. 이렇게 바위에 마그마가 뚫고 들어간 것을 관입 마그마라고 합니다. 서낭바위 근처에 마을의 수호신을 모셔 놓은 서낭당이 있어서 서낭바위라고 불렸던 것

화강암 속 규장암

서낭바위

그루브 지형

부채바위

이 지금까지 이어졌습니다. 서낭바위 옆으로 바위들이 고랑처럼 길게 줄지어 있는 모습을 그루브 지형이라고 합니다.

  부채바위는 암석의 단단한 정도에 따라 차별 풍화 작용이 일어난 바위입니다. 무른 암석은 풍화 작용이 많이 일어나고, 단단한 암석은 풍화 작용이 상대적으로 덜 일어납니다. 부채바위의 아래쪽은 비교적 무른 암석이라 풍화 작용이 활발히 일어난 곳입니다. 자세히 보면 부채바위가 부서질까 봐 시멘트로 덧바른 자국을 볼 수 있습니다. 시멘트를 바르지 않았다면 진작에 부채바위가 부서졌을 것입니다.

대만 여왕바위

부채바위를 보니 대만 예류지질공원의 여왕바위도 닮은 듯해!

평창
나랑 별 보러 가지 않을래?
청옥산 육백마지기

🙍‍♀️ 오늘 하늘이 정말 맑아요!

🙍‍♂️ 그렇구나. 가을 하늘은 다른 계절보다 더 높고 파랗지. 오늘 같은 날은 별을 보기에 딱 좋을 것 같구나.

🙍‍♀️ 그럼 우리 오늘 별 보러 가는 건 어떨까요?

🙍‍♂️ 밤하늘은 누구나 볼 수 있지만 그렇다고 어디서나 별을 잘 볼 수 있는 것은 아니란다.

🙍‍♀️ 별을 잘 볼 수 있는 곳은 어디예요?

🙍‍♂️ 그럼 다 같이 별을 잘 볼 수 있는 별빛 명소들을 찾아가 볼까?

평창 육백마지기(출처: 한국관광공사, 김민수)

별빛 명소 찾기

별을 잘 보기 위해서는 일단 주변이 어두우면 좋습니다. 물론 일부 별들은 밝아서 도심에서 보이기도 하지만 대부분 주변에 빛이 많이 없는 곳에서 잘 보입니다. 달빛도 마찬가지입니다.

우리나라에는 별이 아름답게 보이는 별빛 명소들이 많습니다. 경기도 가평 화악터널쌈지공원, 양평 벗고개, 강릉 안반데기, 평창 육백마지기, 합천 황매산 등이 유명합니다. 그중에서 육백마지기를 살펴봅시다.

육백마지기 이름의 유래에는 두 가지 설이 내려옵니다. 첫 번째 설은

청옥산 입구

육백마지기 가는 길

청옥산 풍력 발전기

청옥산에서 바라보는 능선

육백마지기에서 보이는 별

육백마지기가 볍씨 육백 말(한 말은 18L를 나타내는 들이 단위로, 육백 말은 약 10,800L)을 뿌릴 수 있을 정도로 넓은 평원이라는 것입니다. 두 번째 설은 육백마지기의 '육백'은 금성, '마지'는 맞이하다, '기'는 장소를 의미해서 금성을 맞이하는 장소라는 뜻입니다.

별자리는 어떻게 만들어졌을까

오늘날 별자리는 대략 5,000년 전에 바빌로니아 지역에 살던 유목민들로부터 시작되었습니다. 이들은 가축을 키우며 초목을 따라 계속 이동하며 살았습니다. 유목인들은 밤하늘의 별들을 연결해 자연스레 동물 형상을 떠올렸고 그것이 기록에 남아 별자리가 된 것입니다. 이때 발전한 천문학은 기원전 2000년경 지중해를 오가던 무역 상인들을 통해 그리스로 전해졌습니다.

이후 그리스인들이 신화 속에서 주인공과 밤하늘의 별자리를 엮어 소개하기 시작했습니다.

하지만 세계 여러 곳에서 별자리가 만들어지다 보니 별자리를 정리할 필요성이 생겼습니다. 20세기에 들어서면서 세계 천문학자들이 88개의 별자리를 확정했습니다. 별자리는 어떤 특정 모양을 따서 만들었지만 방향을 찾는 길잡이뿐만 아니라 행성, 성운, 은하 등의 천체의 위치를 파악하는 데도 아주 편리합니다.

스텔라리움(Stellarium) 애플리케이션 속 오리온자리와 황소자리

천체의 일주 운동

지구에서 보면 태양은 동쪽에서 떠서 서쪽으로 집니다. 지구가 하루에 한 바퀴씩 서에서 동으로 자전을 하기 때문에 밤하늘의 별자리도 시간에 따라 동에서 서로 이동하는 것처럼 보입니다. 예를 들어 가을철 별자리가 자정

천체의 일주 운동

지구의 자전

무렵에 머리 꼭대기로 이동하면 동쪽 하늘에서 겨울철 별자리가 나타나기 시작합니다. 이처럼 하룻밤을 관찰하면 사계절 별자리를 모두 볼 수 있습니다. 관측 당시의 계절을 중심으로 봄, 여름, 가을, 겨울 순의 별자리들이 동쪽 하늘에서 떠오릅니다. 물론 우리나라에서 북극성은 계절에 관계없이 볼 수 있습니다.

천체의 일주 운동

카시오페이아 일주 운동

3장

지구의 발자취를 따라서

대전 / 충청북도

지구 역사를 찾아 떠나는 여행, 지질박물관 견학기

대전

- 얘들아, 대전에 가 본 적이 있거나 알고 있는 것이 있니?
- 대전 엑스포과학공원이랑 대전 엑스포아쿠아리움에 간 적이 있어요.
- 대전에 한국항공우주연구원도 있고, 유명한 카이스트대학교도 있어요!
- 그렇지. 그래서 대전을 첨단과학도시라고 한단다. 대전에서는 다른 도시에 비해 다양한 과학 체험을 즐길 수 있어. 국립중앙과학관, 항공우주연구원, 한국천문연구원, 지질박물관도 있단다. 모두 과학과 관련된 곳이지.

대전 지질박물관

지질학은 지구를 이루는 물질, 물질들의 형성 과정, 지구의 역사, 지구에 생존했던 생물과 화석을 연구하는 학문입니다. 대전 지질박물관은 대전광역시 유성구 대덕연구단지에 위치합니다.

대전 지질박물관

● 지질박물관에 전시된 공룡 표본

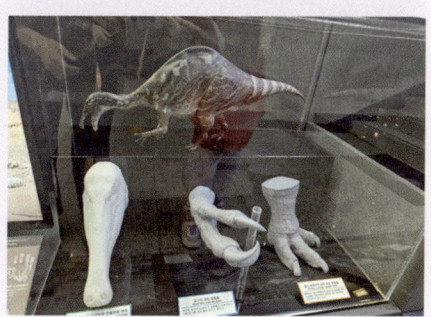

🧒 에드몬토니아와 티라노사우루스다!

👦 산이는 공룡 박사구나! 공룡이라는 이름에는 어떤 뜻이 있을까?

👧 공룡이 아주 옛날에 살았던 생물이라고 하는데, 왠지 상상 속 동물 같다는 생각이 들어요.

🧒 우리나라에도 공룡 발자국이 남아 있잖아. 분명히 옛날에 살았던 동물이야.

파충류와 공룡

공룡은 그리스어로 '무섭도록 거대한 파충류'란 뜻입니다. 1842년에 영국의 고생물학자 리처드 오언이 영국에서 발견된 중생대의 거대한 파충류 화석들을 연구하다가 공룡이라는 이름을 붙였습니다. 공룡은 우리가 알고 있는 도마뱀, 악어와 같은 파충류와는 조금 달랐습니다. 가장 큰 차이점은 다리 관절입니다. 파충류는 다리가 중간에 꺾여 있어 기어다닙니다. 하지만 공룡은 다리가 곧게 뻗어 포유류처럼 육상에서 걸어 다녔습니다. 공룡은 다리 관절뿐만 아니라 튼튼한 골반 덕분에 무거운 몸무게를 효과적으로 지탱할 수 있었습니다.

지구의 역사

지금으로부터 약 46억 년 전에, 원시 태양이 만들어졌습니다. 갓 태어난 원시 태양 주변에는 미행성(아주 작은 행성)들이 많았는데, 이 미행성들이 서로 충돌하고 합쳐지면서 원시 지구 행성이 탄생했습니다. 처음에 지구는 굉장히 뜨거운 마그마 바다였다고 합니다. 그런데 미행성들의 충돌이 점점 많아지고, 마그마 바다가 서서히 식어가면서 얇은 지각(땅껍질)이 형성되었습니다. 이후 수증기와 이산화 탄소로 이루어진 원시 대기에서 많은 비가 내리면서 마침내 원시 지구에 바다가 생겨났습니다. 지구는

지구의 탄생(출처: 대전 지질박물관)

땅 아래에는 마그마, 그 위에 얇은 지각과 바다, 대기가 있는 층 구조를 가지게 된 것입니다. 이렇게 지구는 하나의 행성이 되었습니다.

지구의 내부와 구조

지구의 가장 바깥쪽은 지각, 그 중간은 맨틀, 가장 안쪽은 핵으로 되어 있습니다. 핵은 외핵과 내핵으로 이루어져 있지요. 지구를 달걀에 비유하면, 지구의 지각은 달걀 껍데기, 맨틀은 흰자, 핵은 노른자와 같습니다. 지구 중심부로 갈수록 온도가 높고 압력이 커집니다.

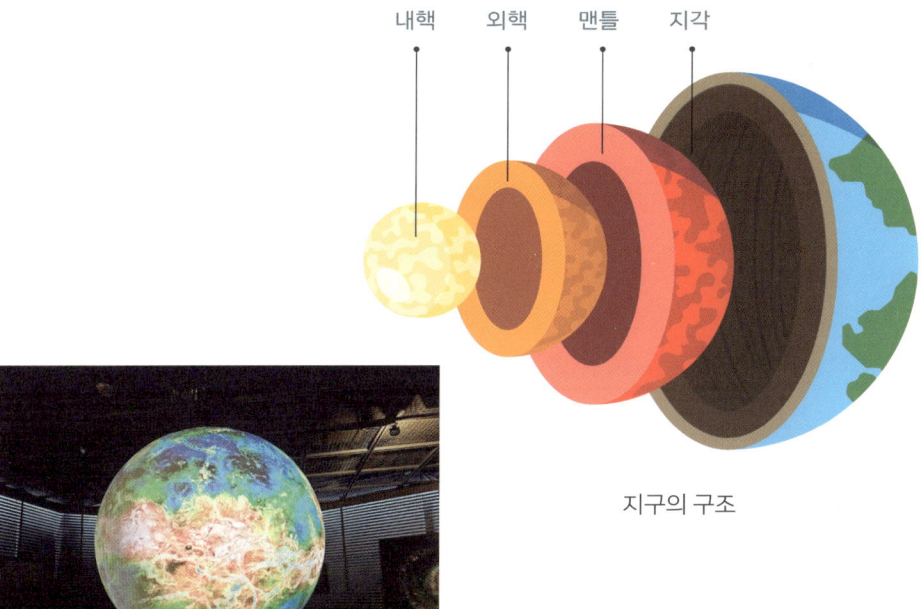

지구의 구조

지구 내부를 보여 주는 모형

지구의 판구조론

판구조론은 지구에서 일어나는 지진, 화산, 산맥의 형성 등 여러 가지 지질 현상을 설명하는 가장 기초가 되는 이론입니다. 지구의 지각은 조각난 판으로 구성되어 있는데, 이 판들은 맨틀이 움직이면서 생성되거나 소멸되기도 하고, 판끼리 서로 충돌하거나 멀어지면서 상호 작용을 합니다. 과학자들은 지구 표면을 이루는 크고 작은 판들이 서로 충돌하거나 멀어지면서 지진과 화산 활동이 발생하고, 그로 인해 땅이 생성되고 사라진다는 것을 밝혀냈습니다. 판의 이동 속도는 판의 종류에 따라 다르지만 매우 느립니다. 하지만 오랜 세월 동안 판이 계속 이동하면, 결국 큰 지각 변동이 일어나게 됩니다. 우리나라에서 일어나는 지진 현상도 판구조론으로 설명할 수 있습니다.

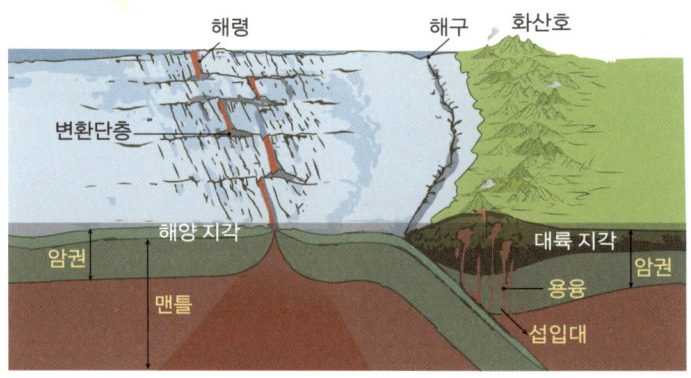

판구조 단면 모식도

단양
물과 시간이 만나 빚어낸 작품, 고수동굴

- 지구쌤! 지난 주말에 가족들과 고수동굴에 갔다 왔어요.
- 오, 그래? 멋진 곳에 다녀왔구나.
- 고수동굴? 고수들이 사는 곳이야?
- 하하하! 충북 단양 고수리에 있어서 고수동굴이라고 한대.
- 산이가 잘 알고 있구나.
- 지구쌤, 우리나라에는 동굴이 많나요?
- 용암 동굴도 있고, 해식 동굴도 있지. 의외로 우리나라에 동굴들이 많이 있단다.

고수동굴 입구

고수동굴 내부

고수동굴은 석회 동굴

강원, 충북 단양, 경북 울진에는 석회 동굴이 발달했고, 제주도에는 용암 동굴이 발달했습니다. 석회 동굴은 석회암이나 석회질 지형에서 만들어졌고, 용암 동굴은 화산 활동으로 생겨난 동굴이지요.

단양 고수동굴은 약 5억 년 전 고생대 때 만들어진 석회암 자연 동굴입니다. 지금도 지하수가 흐르며, 자연이 조각한 종유석, 석순 등 다양한 모습을 볼 수 있습니다. 물과 시간이 빚어낸 태고의 신비가 그대로 잘 보존되어 있어 그 가치를 인정받아 천연기념물로 지정되었습니다. 동양에서 최고로 아름다운 동굴로도 꼽힙니다. 경북 울진의 성류굴도 석회 동굴이며 천연기념물로 지정되어 있습니다. 성류굴 안에 있는 석회암들이 금강산처럼 보여서, 성류굴을 '지하 금강'이라고 부르기도 합니다.

고수동굴의 다양한 모습

천년의 사랑

고수동굴 안과 입구 근처에서 뗀석기가 발견되어, 선사 시대 때 고수동굴이 구석기인들의 주거지였을 것이라고 추측합니다. 고수동굴 안에는 석회암 생성물도 많고, 사자바위, 선녀탕이라고 불리는 물웅덩이, 꽃 모양을 하고 있는 암석도 있습니다.

동굴의 천장에 매달려 있는 돌이 종유석, 동굴 바닥에서부터 자라 올

두 돌이 서로 만나려고 해요!

종유석과 석순이 만나려고 하는 돌, '천년의 사랑'

라오는 돌을 석순, 종유석과 석순이 만나 기둥처럼 하나의 형태가 되는 것을 석주라고 부릅니다. 종유석과 석순은 1cm가 자라는 데 약 100년이 걸린다고 합니다. '천년의 사랑' 돌인 종유석과 석순이 만나 석주가 되기까지 약 10cm 정도 남았으니 앞으로 1,000년이라는 시간이 흘러야 이 둘이 만나 기둥인 석주가 될 수 있을 것입니다.

> 🧒 '천년의 사랑' 돌이 서로 만나는 모습은 볼 수 없다니 아쉬워요.
>
> 🧒 멋진 모양이 만들어지려면 정말 오랜 시간이 걸렸겠어요.
>
> 🧒 석회 동굴에 있는 종유석이나 석순은 위에서 떨어지는 물 때문에 만들어지는 건가요?
>
> 🧑 그 물이 지하수야. 약한 산성을 띠는 빗물이 오랫동안 석회암 지대에 스며들어 지하수가 되었단다. 약 5억 년 동안 동굴 안이 빗물에 녹고 녹으면서 돌에 침식과 변형이 일어나 만들어진 것이지.

동굴 안은 어떤 모양일까?

동굴 안은 지하수 때문에 돌들이 침식과 변형을 겪습니다. 안으로 움푹 들어간 모양, 밖으로 툭 튀어나온 모양 등 다양한 돌들이 만들어집니다. 돌이 침식과 변형의 반복 과정을 통해 고수동굴이 만들어졌고 동굴 생태계가 만들어진 것입니다. 선녀탕이라고 이름 붙은 곳도 지하수가 모이고 모여 만들어진 물웅덩이입니다.

동굴 안은 왜 여름에도 시원할까?

동굴은 빛이 없기 때문에 연중 평균 온도가 10~14℃ 정도입니다. 충청도, 경상도, 제주도 등 다른 지역에 있는 동굴 안의 온도도 비슷합니다. 그래서 여름에는 시원하고, 겨울에는 상대적으로 따뜻하게 느껴집니다. 동굴 안은 좁기도 하고, 지하수가 흐르고 있기 때문에 습도가 높습니다.

고수동굴 안 물웅덩이

여름에 동굴로 피서 와야겠어요!

물길이 지나간 자리

고수동굴 안의 온도

● 자연이 조각한 다양한 모습

신기한 종유석이나 석순을 보면, 멋진 이름을 지어 보세요!

충주
폐광의 아름다운 변신, 활옥동굴

- 문제를 하나 내 볼게. '동굴은 모두 자연적으로 만들어졌다.' 맞는 말일까? 틀린 말일까?
- 아까 동굴은 석회 동굴과 용암 동굴이 있다고 하셨으니 맞는 말 아니에요?
- 사람들이 파서 만든 동굴도 있어요. 그러니까 무조건 맞는 말은 아니에요.
- 그래, 석회 동굴과 용암 동굴 같은 자연 동굴도 있지만 사람들이 만든 동굴도 많단다.
- 아, 석탄을 캐려고 만든 탄광도 사람이 만든 동굴이네요.
- 그렇지. 옛날에는 지하자원을 캐려고 동굴을 만들었지만 지금은 폐광이 된 동굴들이 있어. 그중에 관광 자원으로 활용되는 동굴을 소개할게.

과거 광산으로 이용된 활옥동굴

활옥동굴의 입구

옛날에 활옥동굴은

지하자원을 캐기 위해 동굴을 인위적으로 만들었지만 지금은 사용하지 않는 동굴이 전국에 많습니다. 이렇게 폐광이 된 동굴을 관광 자원으로 활용하기도 합니다. 활옥동굴은 1900년에 발견되어 1919년 일제강점기에 광산으로 개발되었습니다. 활석, 백옥, 백운석, 황석 등을 채취하는 광산이었지요. 1945년 광복 후 동양 최대 규모의 광산으로 우리나라 산업화에 큰 도움이 되었습니다. 2019년부터는 채광을 멈추고, 이런 모습으로 바뀌게 되었습니다. 활옥동굴 안에는 옛날 광산의 흔적이 많이 남아 있습니다.

활옥동굴 내부 모습

활옥동굴에서 볼 수 있는 암석과 광물

암석과 광물

암석을 자세히 관찰해 보면, 다양한 알갱이로 구성되어 있습니다. 이렇게 암석을 이루고 있는 알갱이를 광물이라고 합니다. 광물은 천연으로 생기는 것입니다. 땅속에 매장되어 있고 인간이 채취해서 쓸 수 있는 광물을 지하자원이라고 합니다. 지하자원은 우리의 일상생활과 산업 활동에 빠질 수 없는 필수 자원입니다. 지하수, 온천, 흙도 포함되지만 일반적으로는 금, 철과 같은 금속 광물, 석회석과 같은 비금속 광물, 석탄, 석유, 천연가스 같은 에너지 자원을 의미합니다.

활옥동굴의 광물

조선 시대에 활옥동굴에서 활석을 채굴했는데, 이 활석을 왕실 약재로 사용했다고 합니다. 활석은 자연 광물 중에 경도가 가장 낮아 칼에 쉽게 긁히면서도 비누처럼 부드럽고 매끄럽습니다. 지금도 활석은 화장품, 구두약, 세면도구 등에 쓰입니다. 활옥동굴은 8,000여 명의 광부들이 일할 정도로 규모가 컸습니다. 광물을 채굴하던 길이도 57km로 아시아에서 규모가 굉장히 큰 광산이었습니다. 하지만 가격이 싼 중국산 활석이 수입되면서 결국 폐광이 되었습니다.

활옥동굴에서는 백운석도 캘 수 있었습니다. 백운석은 흰 구름 같은 광물이라는 뜻입니다. 백운석은 칼슘과 마그네슘이 들어 있는 퇴적암이어서, 마그네슘 원료, 시멘트 원료, 비료로 사용됩니다.

활석

백운석(출처: 구글 위키백과)

- 지구쌤, 사람들이 동굴 안에서 카약을 타요!
- 활옥동굴 안에는 큰 물웅덩이가 있어서 사람들이 카약을 탈 수 있지.
- 물웅덩이라고 하기에는 큰데요?
- 암반수가 고여서 만들어졌는데, 호수라고 할 수도 있겠구나.
- 천연 암반수라면 물이 맑고 깨끗하겠어요.
- 맑은 물에 사는 은어, 황금송어, 철갑상어도 있단다. 관람객들이 투명 카약을 타고 물고기를 관찰할 수 있지.

지금 활옥동굴에서는

활옥동굴에서는 스마트팜 시스템을 이용한 고추냉이도 재배하고 있습니다. 동굴은 일 년 내내 일정한 온도를 유지하기 때문에 고추냉이를 재배하는 데 적합합니다. 다만 빛이 들어오지 않아 활옥동굴에서는 햇볕과 유사한 빛을 만들어 주는 다양한 조명을 사용합니다. 항상 서늘한 온도를 유지하는 동굴은 와인 저장소로 적합한데, 활옥동굴에서도 와인 저장소를 만들어 와인을 시음하고 판매하기도 합니다.

활옥동굴 호수

카약을 타는 사람들

활옥동굴에서 기르는 고추냉이

활옥동굴 와인 저장소

활옥동굴 안에는 과거에 광물이나 광부를 지상으로 운반시키는 장비인 권양기, 광부를 이동시켰던 사갱 운반차가 남아 있어서, 광부들의 삶을 상상해 볼 수도 있어요.

권양기

사갱 운반차

옥천

호수 위에 산이 떠 있는 부소담악

- 우리나라에서 대표적으로 아름다운 산은 어디일까?
- 금강산이요!
- 그래. 금강산이 대표적이지. 안타깝게도 산의 대부분이 북한에 있어서 우리는 고성에서 일부만 볼 수 있단다.
- 너무 아쉬워요.
- 맞아, 그렇지만 우리 남한에서도 작은 금강산이라고 부르는 곳이 있어.
- 작은 금강산…. 그곳이 어디예요?
- 작은 금강산이라고 불리는 곳으로 한번 가 볼까?

호수 위에 떠 있는 병풍바위 부소담악

부소담악은 한국을 대표하는 아름다운 하천 100곳 중 하나로 선정된 곳입니다. 원래는 산이었다가 산이 물에 잠기면서 마치 호수 위에 바위가 떠 있는 모습이 되었습니다.

부소담악은 옥천군 군북면 이탄리에 속해 있었지만 지금은 추소리에 속합니다. 지금까지 여러 번에 걸쳐 마을 구역이 조정되었습니다. 1914년에 일소면에 속한 이탄리를 이소면과 합쳐 군북면이라 고치면서 이평리와 추소리로 나누었습니다. 이때, 몇 개의 마을을 합쳐 새로운 마을을 만들면서 추동 마을의 추와 부소의 소를 한 자씩 취해 추소리라 불렀다고 합니다.

부소담악 주위로 흘러가는 서화천

　부소담악이 속한 추소리에는 추동, 부소머리, 서낭댕이, 절골 마을이 있었습니다. 하지만 1980년대 대청댐 건설로 추동과 부소머리 일부가 물에 잠기면서 대청호가 생겼습니다.

　대청호는 우리나라에서 소양호, 충주호 다음으로 세 번째로 큰 호수입니다. 대청댐을 준공하면서 강물을 많이 가두다 보니, 수위가 점점 높아져 고리산으로부터 뻗어나온 산봉우리만 남게 되면서 기암절벽이 병풍을 둘러놓은 듯한 풍경이 되었습니다. 따라서 부소담악은 부소무늬마을 앞 호수 위

멀리서 바라본 부소담악

에 뜬 바위산을 뜻합니다. 그 길이가 무려 700m, 너비는 20m 정도로 바위산 봉우리로는 쉽게 보기 힘든 절경입니다.

부소담악
(출처: 한국관광콘텐츠랩, 라이브스튜디오)

🧒 정말 물 위에 떠 있는 병풍처럼 보이네요.

👦 부소담악 둘레길을 따라 걸으면 부소담악의 멋진 풍경을 볼 수 있단다. 산 능선부에는 추소정이라는 정자가 있는데 정자에서 바라보는 경치도 좋단다.

🧒 지구쌤, 부소담악에 있는 바위들이 납작하고 위로 솟아난 모양이에요.

👦 대부분 바람이나 빗물에 의해서 깎여 만들어진 기암절벽이지. 병풍바위는 하나의 바위가 아니라 낱낱이 갈라진 절리로 이루어져 있어 비스듬히 누워 있는 모습이 신비롭기까지 한단다.

부소담악 둘레길에서 볼 수 있는 바위들

절리로 된 부소담악 바위의 모습

추소정에서 바라보는 서화천과 부소담악

추소정 옆 둘레길

물줄기가 용이 헤엄치는 듯한 느낌이 들어요.

부소담악은 봄, 여름, 가을, 겨울 계절마다 색다른 풍경을 감상할 수 있어요.

하늘에서 본 부소담악
(출처: 한국관광공사, 라이브스튜디오)

부소담악
(출처: 한국관광공사, 라이브스튜디오)

4장

하늘에서 땅으로
땅에서 바다로

충청남도

아산

뜨거운 물이 콸콸콸, 온양온천

- 온천 하면 생각나는 곳은?
- 온양!
- 잘 아는구나. 그럼, 온천이 어떻게 만들어지는지도 알고 있니?
- 땅속에서 따뜻한 물이 솟아나는 곳이라고 들었어요.
- 맞아. 온천수는 지열에 의해 데워져 솟아난 물이야. 오늘은 온천에 대해 이야기해 볼까?

가장 오래된 온천

온양온천은 문서에 기록된 바로는 가장 오래된 온천입니다. 백제 시대부터 지금까지 역사가 거의 1,300년 정도 됩니다. 백제 시대에는 온양온천을 '탕정(湯井)군', 고려 시대에는 '온수(溫水)군'이라고 불렀습니다. 탕정에서 탕(湯)이라는 글자는 후루룩 마시는 국을 이르는 말로, 뜨거운 국을 나타냅니다. 정(井)이라는 글자는 우물을 나타냅니다. 즉 뜨거운 국이 담긴 우물이라고 풀이할 수 있습니다.

우리나라에서는 지하로부터 25℃ 이상의 온수가 솟아나야 온천으로 이

온양 온천수가 나오는 온양 관광호텔

용할 수 있다고 법으로 정해 놓았습니다. 또한 성분이 인체에 해롭지 않아야 한다는 조건이 따릅니다. 온천에 따라 온천수의 성분이 조금 다른데, 온양에서 나오는 온천은 몸에 좋다고 알려져 있습니다.

임금님의 휴양지

온양온천은 조선 시대에는 왕이 병을 치료하고, 휴식을 취하기 위해서 방문했던 곳입니다. 세종대왕은 눈병을 치료하고자 온양에 왔었고, 세조, 현종, 숙종, 영조, 정조 등 여러 임금이 온양에서 휴양했습니다. 행궁은 조선 시대 왕이 쉬는 별장과 같은 곳으로, 온양에는 온양행궁이 있었습니다. 영괴대는 온양행궁이 있었던

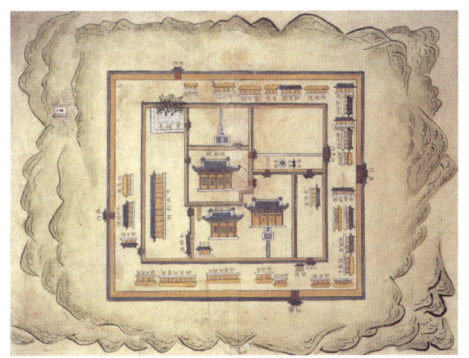

온양별궁전도
(출처:《영괴대기》, 규장각한국학연구원)

영괴대

신정비

흔적을 보여 줍니다. 또한 신정비는 조선 시대에 온천이 솟아나는 것을 본 세조가 이를 기념하여 세운 비석입니다.

온천은 모두 몸에 좋을까?

온천은 지표면에서 지하 깊은 곳까지 들어간 물이 마그마의 열로 뜨거워진 다음, 단층선이나 절리 화성암에 난 틈새 등을 따라 다시 지표면으로 솟아나온 물을 말합니다. 지하 깊은 곳을 흐르던 지하수라서 땅속에 있는 여러 광물질을 포함하는 경우가 많습니다. 몸에 좋은 광물질이 있어서 온천욕을 하면 건강에 도움이 됩니다. 반면 철분, 나트륨 등이 과하게 많아 몸에 해로운 온천수도 있습니다.

온천수에는 다양한 광물질이 포함되어 있으므로 광물질의 성분에

온양 온천수를 이용한 온천 시설

따라 그 온천 지대가 언제 만들어졌으며 어떤 암석 층으로 구성되어 있는지 알 수 있습니다. 온양온천은 쥐라기 및 백악기 화강암류의 지질학적 특징을 지닌 온천수라고 합니다.

👦 지구쌤, 온천수가 지열에 의해서 데워진 거잖아요. 그럼 온천수가 나는 곳에는 지열 발전과 같은 친환경 에너지 개발도 할 수 있나요?

👨 일본에는 지열 발전을 할 만한 뜨거운 온천수가 있어. 반면 우리나라 온천수는 지열 발전을 할 수 있을 정도로 뜨겁지 않단다. 지열 발전보다 온천욕에 더 적합하지.

👧 온양온천에서 1,300년 동안 마르지 않고 온천물이 나온다니 너무 신기해요.

👦 모든 온천에서 매일 매일 똑같은 양의 물이 나오는 것은 아니야. 온양 온천수처럼 매일 일정한 양의 온천수가 나오는 곳도 있고, 일정한 시간 간격을 두고 솟아나는 간헐천이라는 온천도 있어.

너무 뜨거워서 조심해야 한대요.

아이슬란드 간헐천

온천의 종류

온천은 솟아나는 형태에 따라 용천과 간헐천으로 나눌 수 있습니다. 용천은 지하수가 계속 나오는 것입니다. 간헐천은 100℃ 이상의 물이 고압으로 부글대다가 가끔씩 수면 위로 터져 나옵니다. 간헐천은 몹시 뜨겁기 때문에 위험하므로 함부로 다가가면 위험합니다. 온천수는 어떤 광물질이 함유되었느냐에 따라 단순천, 식염천, 유황천, 탄산천 등으로 나누기도 합니다.

옛날에는 땅이 거의 대부분 흙으로 되어 있었습니다. 하지만 지금은 도시가 발달하고 도로가 아스팔트나 콘크리트로 포장되면서 빗물이 지하로 스며들기 어려워졌습니다. 1,300년 동안 이어진 온양 온천수가 언제 멈출지 염려스러운 이유입니다.

하루에 두 번 사라졌다 나타나는 신기한 다리가 있다! 웅도

서산

- '웅도'라는 섬을 아니?
- 처음 들어 봐요! '웅도'라면 곰의 섬이라는 뜻인가요?
- 맞아. 웅도는 섬 모양이 웅크리고 있는 곰과 같이 생겼다 해서 '웅도'라는 이름이 붙여졌단다. 120여 명이 살고 있는 작은 섬으로 충청남도 서산 대산읍에 있지. '휴가철에 가고 싶은 33섬'에 2년 연속 선정되기도 했단다.
- 아주 멋진 곳이겠네요?
- 특히 웅도는 세계 5대 갯벌 중 하나인 가로림만을 중심으로 형성되어 있어 생태 자원이 풍부한 장소란다. 또 하루에 두 번 웅도로 이어지는 다리가 사라지는 걸로 유명하지.
- 전에 갯벌 가서 맛조개도 캐고 바지락도 캤어요!
- 갯벌에 여러 생물이 살긴 하더라, 지구쌤, 가로림만은 뭐예요?
- 사라지는 다리 얘기도 궁금해요.

가로림만(출처: 구글어스)

만과 곶

만은 바다가 육지 쪽으로 쑥 들어와 있는 지형을 가리킵니다. 반면 곶은 바다로 돌출한 지형을 말합니다. 충남 서산에 있는 호리병 모양으로 생긴 만을 가로림만이라고 합니다.

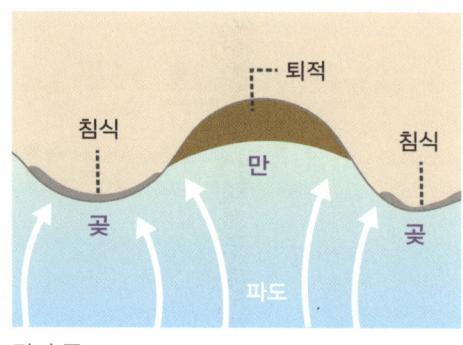

만과 곶

- 웅도가 섬이 되기도 하고 마을이 되기도 한대요! 이건 무슨 말이에요?
- 하하하… 비밀이 뭔지 알아맞혀 볼래?
- 하루에 두 번 사라지는 다리로 유명하다고 했지요? 아! 알겠다. 바닷물 때문이지요?
- 해나가 용케 알아차렸구나! 웅도는 하루 두 번 바닷길이 열리는데, 이때 섬을 걸어서 드나들 수 있단다.
- 신기하네요. 어떻게 그런 일이 일어나나요?
- 뉴턴이 정원에서 사과가 땅으로 떨어지는 것을 보고 만유인력의 법칙을 발견했다는 이야기를 알고 있니? 이 만유인력의 법칙을 눈으로 직접 확인할 수 있단다.

만유인력의 법칙

가로림만의 동쪽은 서산시, 서쪽은 태안군에 속하며, 바다가 서쪽이 아닌 북쪽을 향해 있습니다. 가로림만은 갯벌이 잘 보존되어 있는 연안 생태계의 보고입니다.

바닷길은 왜 열리나요?

바닷길을 열리게 하는 비밀은 바로 만유인력입니다. 물체 사이에는 서로 끌어당기는 힘이 있는데 이를 만유인력이라고 합니다. 지구와 태양, 지구와 달 사이에도 인력이 작용합니다. 바로 태양과 달이 지구를 끌어당기는 것이지요. 태양이 워낙 멀리 있다 보니 지구는 태양보다 달의 영향을 더 많이 받습니다. 이때 지구 표면에서 가장 큰 영향을 받는 곳이 바다입니다. 즉 달과 태양의 인력에 의해 바닷물의 높이가 변하는 것입니다. 이때 달 쪽을 향한 바닷물과 그 반대편의 바닷물 높이가 오르는 현상을 만조라고 합니다. 반면 만조였던 위치에서 90°가 되는 지역은 바닷물 높이가 가장 낮아지는 간조가 발생합니다.

간조일 때 유두교

만조일 때 유두교

지구와 달의 기조력

🧒 달이 지구를 끌어당기는 힘인 인력 때문에 만조가 발생하는 거군요. 그런데 왜 그 반대편에서도 만조가 생기는 건가요?

👦 지구는 하루에 한 번 스스로 자전을 해. 이때 지구의 중심으로부터 멀어지려고 하는 원심력이 인력보다 커서 만조가 되지. 즉 달을 향하고 있는 바닷물이 달이 끌어당기는 힘에 의해 부풀어 오를 때 그 반대편의 바닷물은 원심력에 의해 부풀어 오르게 되는 것이란다.

🧒 정리하면 지구가 하루에 한 번 자전하는 동안 한 번은 인력에 의해서, 또 한 번은 원심력에 의해서 두 번의 만조가 생기는 거네요?

👦 해나가 잘 이해했구나! 그래서 웅도와 육지가 연결된 다리가 하루에 두 번 물에 잠겼다가 나타나게 되는 것이지!

밀물, 썰물, 조석

육지로 바닷물이 밀려드는 것을 밀물이라고 하며, 반대로 바닷물이 바다로 빠져나가는 것을 썰물이라고 합니다. 이렇게 밀물과 썰물로 인해 바닷물의 높이가 주기적으로 변하는 현상을 조석이라고 합니다. 그리고 밀물과 썰물을 반복하면서 생기는 바닷물의 흐름을 조류라고 합니다. 이렇게 조수 간만의 차가 큰 곳은 갯벌이 발달합니다.

국립해양조사원 홈페이지

만조·간조 물때표

태양-지구-달의 위치

달은 태양보다 지구에 더 가깝기 때문에 지구에 미치는 영향이 더 크지만 태양도 어느 정도 영향을 미칩니다. 달이 약 한 달을 주기로 지구를 공전하다 보면 태양, 지구, 달이 일직선 위에 있게 됩니다. 이때 태양의 인력이 합쳐지면서 만조와 간조의 차이가 크게 나타납니다. 반면 태양, 지구, 달이 직각으로 위치할 때에는 인력이 줄어들어 만조와 간조의 차이가 작아집니다. 달의 위치에 따라 웅도의 다리가 충분히 잠기지 않기도 합니다.

태양-지구-달이 일직선일 때
(천체간 거리와 크기는 실제와 다름)

태양-지구-달이 일직선이 아닐 때

간조일 때 웅도 바다의 모습

망둑어와 칠게

🧒 지구쌤! 웅도는 섬인데도 농사도 짓나 봐요. 섬 곳곳에 논과 밭이 있어요.

👨 웅도는 섬이지만 논과 밭이 흔해서 농사도 짓는단다. 예전에는 집집마다 소를 키웠고, 어부들이 갯벌에서 잡은 바지락과 굴, 낙지 등을 소달구지를 이용해서 옮기곤 했지.

👧 신기한 바위도 있네요?

👨 이곳 웅도 해안가에서는 노출된 암반들을 볼 수 있단다. 선캄브리아대의 층이란다. 그리고 조금 더 앞으로 가다 보면 돔 형태의 바위도 있단다. 암반들은 아주 오래전 깊은 해저에

농사를 짓고 있는 웅도의 마을

서 퇴적된 것으로 볼 수 있지.

이렇게 자연 속에서 오래된 지구의 흔적들을 볼 수 있다니 흥미로워요.

거북바위

웅도에서 볼 수 있는 암석들

웅도 해안가에서는 선캄브리아대의 엽리가 잘 발달된 석회암층 노두를 볼 수 있습니다. 노두란 층이 바위나 땅에 드러난 부분을 말합니다. 또한 이곳에는 돔 형태의 규암 노두가 있는데 쇄설성 암맥이 발달하여 지질학적으로 가치가 매우 높습니다.

선캄브리아대 쇄설성 암맥

선캄브리아대 규암층

태안

나랑 은하수 보러 갈래? 운여해변

- 너희 견우와 직녀 이야기 알아?
- 견우와 직녀가 1년에 한 번 음력 7월 7일에 만난다는 이야기 말이지?
- 나도 알아. 칠월칠석이 되면 까마귀가 은하수에 다리를 놓아 주어 견우와 직녀가 만날 수 있었대.
- 잘 알고 있구나. 그럼, 까마귀가 다리를 놓아 주던 은하수를 본 적 있니?
- 아니요. 은하수를 보려면 어디로 가야 하나요?
- 오늘은 은하수가 잘 보이는 바다로 가 볼 거예요.

전국 은하수 관찰 명소

천문우주지식 정보 사이트

밤하늘 별을 잘 보려면

별은 주변이 어두워야 잘 보입니다. 달이 밝으면 별을 보기가 힘들지요. 은하수를 보기 전에 미리 천문우주지식정보 사이트나 애플리케이션을 활용하여 달의 위상과 월몰 시간을 확인해 두는 것이 도움이 됩니다. 빛도 중요하지만 날이 흐리거나 구름이 많아도 보기가 어렵습니다. 특히 여름은 장마 등으로 습도가 높고 대기가 매우 불안정하기 때문에 별을 잘 볼 수 있는 날이 실제로 한 달에 며칠밖에 되지 않습니다.

운여해변

운여해변은 은하수뿐만 아니라 낙조로도 유명한 곳입니다. 샛별해수욕장과 장삼포해수욕장 사이에 있고, 해안 사구 등 자연 풍경이 아름다운 해변입니다. 운여해변은 방파제로 소나무를 일렬로 심어 놨는데 마치 섬과 같이 보여서 솔섬이라고도 부릅니다. 원래 이곳은 모래가 많이 쌓인 산이었는데 근처에 생긴 유리 공장이 이곳의 모래를 사용하면서 지금과 같은 큰 웅덩이

솔섬의 모습

운여해변 솔섬에서의 낙조

운여해변과 솔섬 제방

가 생기게 되었습니다. 그로 인해 바닷물이 유입되고 소나무가 죽는 등 많은 피해가 있었습니다. 피해가 심각해지자 안쪽 웅덩이에 배수구를 만들어 제방을 보강하고 소나무들을 보호하면서 지금의 모습이 되었답니다.

은하수는 어떻게 보이는 걸까?

우주에는 많은 별들이 있습니다. 실제로 밤하늘에서 보는 별들은 우리은하 안에 속해 있는 천체들입니다. 이러한 스스로 빛을 내는 별들이 많이 모여 있기 때문에 은하수가 보이는 것입니다. 태양이나 달, 지구 등 태양계의 많은 천체는 공처럼 둥글게 되어 있지만 우리은하는 납작한 원반 모양으로 되어 있습니다. 대부분의 천체들이 원반 모양에 많이 모여 있기 때문에 은하수가 둥글게 보이지 않고 띠처럼 보입니다.

지구는 원반 모양의 우리은하에서 가장자리에 위치합니다. 따라서 우리가 보는 은하수는 가장자리에서 바라본 모습이라고 볼 수 있습니다. 봄, 여름에는 지구가 우리은하의 중심부를 향하고 겨울에는 우리은하의 바깥쪽을 향합니다. 따라서 여름철에 별들이 겹쳐져 밝고 뿌옇게 보입니다. 은하수를 쉽게 찾으려면 은하수 중심부에 위치한 전갈자리, 궁수자리, 백조자리, 카시오페이아 같은 대표적인 별자리들을 알면 좋습니다. 대부분 남쪽 하늘에서 뜨기 때문에 이 방향을 잘 관찰해 보면 됩니다.

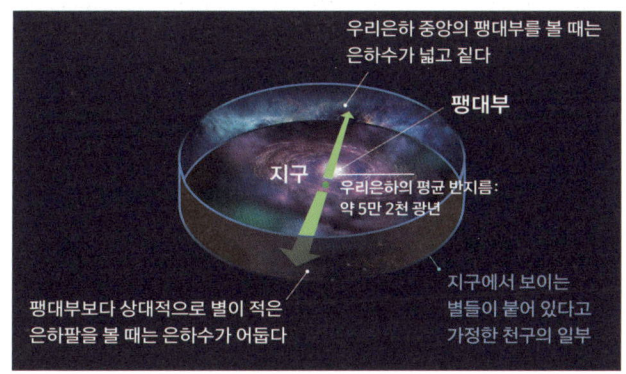

지구에서 별을 바라보는 방향

> 🧒 와! 은하수가 보여요. 일몰도 아름답지만 은하수와 별이 쏟아지는 밤 풍경도 정말 환상적이네요.
>
> 👨 별자리가 익숙하지 않으면 찾기 어려울 수도 있으니 별자리 관련 애플리케이션을 사용하면 쉽게 찾을 수 있단다.
>
> 🧑 은하수 위로 견우와 직녀가 만나고 있겠지요?
>
> 👨 하하하! 이렇게 하늘에 가득 찬 별을 볼 수 있다는 것이 신기하지?
>
> 👧 맞아요! 은은하게 반짝이는 은하수를 보고 있으면 꼭 우주 속에 있는 것 같은 기분이 들어요.

스텔라리움 애플리케이션으로 본 은하수

실제 관측한 은하수

윈디(Windy) 애플리케이션

전 세계 날씨 정보를 알 수 있어요.

기상청 날씨누리

기상청이 운영하는 일기 예보 서비스예요.

당진

서쪽에서 일출을 볼 수 있는 왜목마을

- 지구쌤, 안녕하세요? 하~암.
- 오늘은 산이가 일찍 나왔네. 그런데 아직 잠이 덜 깬 모양이구나.
- 오늘 해가 서쪽에서 뜨겠어요. 산이가 일찍 나왔잖아요.
- 해가 어떻게 서쪽에서 뜨니? 그만 놀려. 나도 이제 안 늦을 거야.
- 하하, 그런데 서쪽에서도 일출을 볼 수 있단다.
- 어떻게 서쪽에서 일출을 볼 수 있어요? 말도 안 돼요!
- 그럼, 서쪽에서 일출을 볼 수 있는 곳을 알려 줄게.

서쪽에서 일출을 볼 수 있는 이유

충남 당진의 석문면에 위치한 왜목마을은 당진시의 최북단에 위치하여 일출과 일몰을 함께 볼 수 있습니다. 왜목마을은 해안이 동쪽을 향해 돌출되어 있고 인근의 남양만과 아산만이 내륙으로 깊숙이 자리 잡고 있습니다. 왜목은 원래 외목이었는데, 간척이 되기 전 그 지역 모양이 외다리 모양으로 생겨서 외목이라고 불렸다는 설이 있습니다. 왜가리와 관련되어 왜목이라는 설도 있습니다.

왜목마을 위치

왜가리를 닮은 왜목마을

일출 명소

왜목마을에 있는 석문산은 일출 명소로 유명합니다. 석문산에 가려면 마을 어귀에서 파출소 쪽으로 내려오는 길이 좋습니다. 오르는 길이 가파르지 않고 좁은 풀숲 길에 계단을 가지런히 놓아 제법 운치를 느끼기 좋습니다.

왜목마을 해수욕장 초입

내년에 일출 보러 왜목마을로 올 거예요!

아울러 내려갈 땐 내내 바다를 볼 수 있어 산책의 즐거움을 더해 줍니다.

석문산에서 일출을 볼 수 있는 이유는 지형적 특성 때문입니다. 서해안에 있지만 육지가 북쪽으로 길고 비스듬하게 뻗어 있어 동쪽으로 넓은 바다가 펼쳐지기 때문입니다. 다시 말해 동쪽과 서쪽이 다 보이기 때문에 같은 자리에서 일출과 일몰을 볼 수 있는 것입니다. 해남 땅끝 마을의 사자봉도 왜목마을처럼 황해에 위치하고 지형이 비슷해서 일출과 일몰을 볼 수 있는 곳으로 유명합니다.

석문산 정상   석문산 일출

왜목해변   바다에서 본 일출

일출 시간과 일몰 시간은 어떻게 알까요?

나라마다 조금씩 차이는 있지만 우리나라에서 일출의 기준은 붉게 물든 태양의 윗부분이 지평선 또는 수평선에 걸쳐지는 순간으로 정합니다. 일몰도 똑같이 태양의 윗부분이 수평선에 닿아 태양이 사라지는 순간을 기준으로 합니다.

왜목마을처럼 일출과 일몰을 같이 볼 수 있는 곳

우리나라에서 일출과 일몰을 같이 볼 수 있는 곳이 또 있습니다. 인천광역시 영종도 거잠포구입니다. 충청남도 서천군 마량포구에서도 일출과 일몰을 함께 볼 수 있습니다. 영종도 거잠포구와 서천군 마량포구는 왜목마을처럼 서해안에 있지만, 모두 포구가 바다 쪽으로 돌출되어 있습니다. 포구 왼쪽 바다에서는 일출을, 오른쪽 바다에서는 일몰을 볼 수 있어요. 신기하지요?

거잠포구에서 본 매도랑과 일출

거잠포구에는 상어지느러미를 닮아 일명 '샤크섬'이라고 불리는 작은 섬 '매도랑'이 있습니다. 힘차게 떠오르는 태양과 함께 매도랑도 감상해 보세요!

5장

자연의 위대함과 경이로움

경상북도

포항

찾아라! 지구의 보물, 화석

- 🧑 얘들아, 화석 하면 무엇이 생각나니?
- 👦 당연히 공룡 화석이죠!
- 👧 공룡 발자국 화석을 본 적 있어요.
- 👦 그렇지, 공룡 화석이 제일 신기하지?
- 👧 공룡 화석 말고 다른 화석도 있나요?
- 🧑 그럼, 공룡 화석은 중생대의 흔적이고 포항에 가면 나무와 고래 등 신생대 화석을 만날 수 있단다.
- 👦 포항은 우리나라에서 가장 큰 제철소가 있는 곳인 줄만 알았어요.
- 🧑 제철소도 멋지지만 더 멋진 풍경을 보러 가 볼까?

화석으로 알 수 있는 것

화석은 옛날에 살았던 동물, 식물의 몸체나 흔적이 암석과 지층 속에 남아 있는 것입니다. 약 46억 년 전 지구가 형성된 시기부터 현재까지를 지질 시대라고 하는데, 지질 시대에 살았던 생물의 뼈, 발자국 같은 흔적이 퇴적물에 파묻히거나, 지상에 보존되면서 돌이 되어 남은 것이 화석입니다. 화석을 관찰하면, 인류가 존재하기 전에 생명체가 어떤 모습으로 존재했는지 그리고 어떻게 진화했는지 생생하게 알 수 있습니다.

우리나라의 주요 화석 산지에는 경상남도 고성군, 경상남도 진주시, 경상북도 포항시가 있습니다. 경북 포항에서는 일반인이 화석을 채취할 수도 있습니다.

포항 금광리 신생대 나무 화석

포항 금광리 신생대 나무 화석은 신생대 시대에 있었던 나무가 퇴적층 속에 보존되어 있다가 화석으로 발견되었습니다. 2009년 포항의 도로 건설 현장에서 발굴된 것으로 높이가 10m가 넘고 나무 화석이 아주 약한 상태여서 운반할 때 어려웠다고 합니다. 금광리 신생대 나무 화석은 현재 대전 천연기념물센터에 있습니다. 나무옹이, 나뭇결, 나이테 등 화석의 표면이 잘 보존되어 있습니다. 이 나무 화석은 2천만 년 전 신생대 시대의 한반도 지형, 식물의 생활 모습과 퇴적 환경을 이해하는 데 큰 도움이 되어 천연기념물로 지정되었습니다.

포항 금광리 신생대 나무 화석(출처: 국립문화재연구원, 문화재청)

포항 영일만 북파랑길 옆 화석 산지

화석은 어떻게 만들어질까?

퇴적물 속에 파묻힌 생물체가 지하수에 의해 녹아 없어지면 그 공간에 진흙과 같은 물질이 채워지고 굳습니다. 이후 지층이 지각 변동에 의해 위로 솟아오르고, 깎이면서 화석이 지표면 위로 나타나게 됩니다. 화석이 되려면 뼈나 껍데기와 같이 단단한 부분이 있어야 하고, 생물체의 유해가 썩기 전에 빨리 퇴적물에 묻혀야 됩니다. 포항 지역에 분포한 암석은 뜨거운 마그마가 식어 만들어진 화성암이 아니라 진흙, 모래들이 층마다 쌓이면서 딱딱하게 굳은 퇴적암입니다. 이렇게 퇴적암으로 구성된 퇴적층에서 화석들이 발견되고, 이 화석들을 통해 생물의 변천 과정이나 지구의 역사를 알 수 있습니다.

포항 장량동 고래 골격 화석

약 1,500만 년 전에 형성된 퇴적암에 보존되어 있었던 고래 골격 화석 주변에서는 성게, 거미불가사리와 같은 해양 동물 화석이 같이 발견되었습니다. 따라서 포항 지역은 동해 해양판이 양쪽에서 압력을 받아서 솟아오른 해성 퇴적층으로 추측하고 있습니다. 포항 부근은 약 2,000만 년 전에 육지였습니다. 신생대 3기에 일본이 한반도에서 분리되면서 동해 바다가 만들어졌습니다. 그때 땅이 벌어지면서 바다가 되었다가 다시 육상으로 올라온 땅이 바로 포항입니다. 최근 포항에서 지진이 자주 일어났는데,

포항에서 발굴된 고래 골격 화석(출처: 국립문화재연구원)

지반이 약한 해성 퇴적층이라 지진의 피해가 더 컸습니다.

표준화석과 시상화석

예를 들어 어떤 지층에서 공룡 화석이 발견되었다면 그 지층을 쥐라기 시대 후기 지층이라고 할 수 있습니다. 이렇게 화석이 생성된 당시의 시대를 측정할 수 있는 화석이 표준화석입니다.

또한 어느 지층에서 산호 화석이 발견된다면 그 지층이 생성될 당시 주변 환경이 수심이 얕고 따뜻한 바다라고 추측할 수 있습니다. 산호 화석처럼 지층이 만들어질 당시의 환경을 보여 주는 화석이 시상화석입니다.

화석 산지의 모습

● 화석 산지에서 발굴한 화석

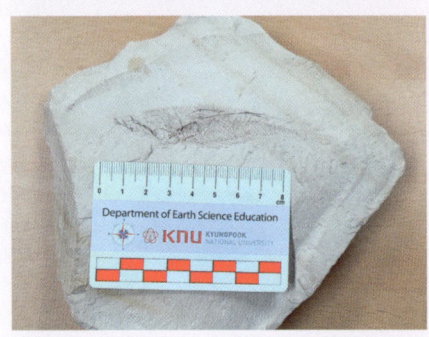

나도 발굴하러 가 볼래!

문경

문경새재를 지나지 않으면 한양에 못 간다

- 얘들아, 문경새재를 아니?
- 아빠 고향이 문경이라서 다녀온 적 있어요.
- 오, 그렇구나. 그럼, 새재가 무슨 뜻인지 알겠구나.
- 문경은 들어 보았는데, 새재는 처음 들어 봐요.
- 새재라는 것은 '새도 날아서 넘기 힘든 고개'라는 뜻에서 유래된 말이란다.
- 얼마나 넘기 힘든 고개이기에, 새도 날아가기 힘들어요?
- 문경새재가 어떤 곳인지 살펴보자꾸나.

문경새재로 가는 길

문경새재 제1관문

영남대로의 주요 구간인 문경새재 옛 과거길

문경새재를 통해 한양으로

문경은 옛날부터 교통과 국방의 요충지였습니다. 영남 지역에서 거둬들인 공물을 나르는 관리들과 과거 시험을 치르려는 선비들은 한양에 가기 위해 낙동강을 따라 문경까지 올라왔습니다. 문경새재 고개를 넘어 충주에서 남한강 뱃길을 따라 한양으로 갔지요. 문경새재 길은 부산에서 한양으로 가는 최단 거리였습니다.

문경새재는 영남 지역과 경기 지역을 잇는 영남대로와 백두대간이 만나는 옛 고개입니다. 백두대간 북쪽의 한강과 백두대간 남쪽의 낙동강을 연결하는 영남대로에서 가장 높고 험준한 고개였습니다. 현재 고갯길은 자동차의 통행이 가능할 정도로 폭이 넓어졌지만, 조선 시대에 선비들이 과거를 보러 가면서 걸었던 구불구불한 산길이 도립공원에 아직 남아 있습니다.

옛날의 과거길

부산에서 한양으로 가려면 추풍령, 죽령, 문경새재 중 한 곳을 거쳐야 했

문경새재에서 보이는 산의 절벽

문경새재 석벽에 있는 문

습니다. 죽령을 넘으면 과거 시험에 '죽죽' 미끄러져서 떨어지고, 추풍령을 넘으면 '추풍낙엽'처럼 떨어진다는 소문이 있었습니다. 반면 문경의 옛날 지명이 문희(聞喜)였는데, 문희의 뜻은 '경사스러운 소식을 듣는다'는 뜻이었습니다. 그래서 영남 지방의 선비들뿐만 아니라 호남 지방의 선비들까지 일부러 문경새재 길을 택해 한양으로 갔다고 합니다.

● 문경새재의 아름다운 경관

문경새재에는 멋진 산봉우리들, 폭포, 계곡, 기암이 가득해!

🧒 지구쌤, 저기 산들이 죽 이어져 있네요.

👨 그렇구나. 백두대간이 잘 보이는구나. 문경은 태백산맥에서 뻗어 나온 소백산맥의 중앙부에 속하는 지형이란다. 그래서 문경은 산세가 험준하고 고도가 높지.

👧 백두대간이 뭐예요?

👨 음… 백두대간은 한반도의 북쪽 백두산에서 남쪽의 지리산까지 연결된 산줄기를 말한단다.

🧒 그렇게 이어진 산줄기를 산맥이라고 하는 거죠?

👨 그렇지. 산맥은 산과 산이 이어진 지형을 말한단다.

중생대 한반도 지형의 특징

중생대의 한반도는 유라시아판에서 융기된 부분에 있었습니다. 일본 열도도 한반도와 같은 높이에 있었는데, 태평양판이 충돌해 아래로 들어오면서 화산 활동이 시작되었습니다. 일본 열도는 지금도 활발히 화산 활동이

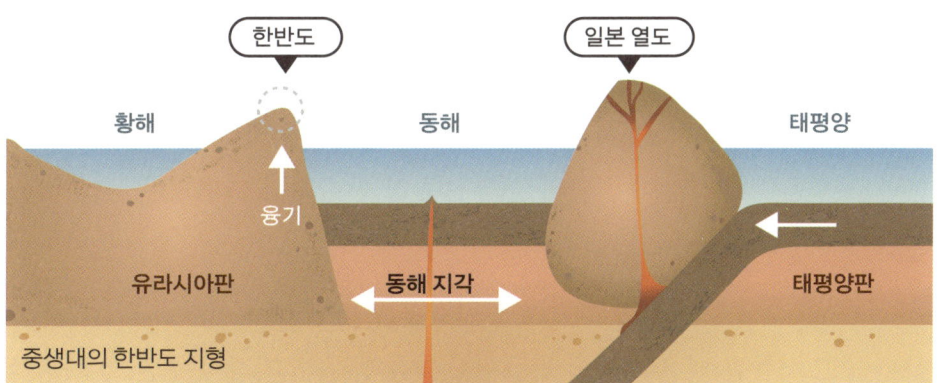

중생대의 한반도 지형

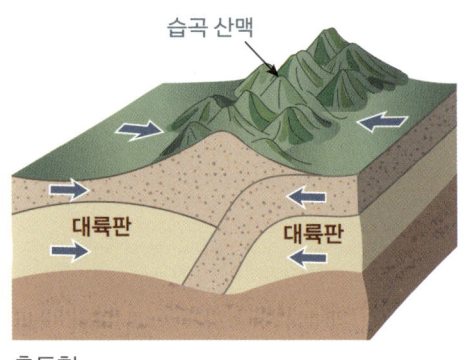
충돌형

섭입형

일어납니다. 섭입이란 대륙판과 부딪힌 해양판이 대륙판 아래로 들어가는 것을 의미합니다. 해저에서 마그마가 올라오면서 한반도와 일본 열도 사이에 있는 동해에서도 울릉도가 생겨나게 되었습니다. 한반도와 일본 열도 사이도 벌어졌지요.

이렇게 완성된 한반도 지형은 신생대 전반기 동안에는 침식 작용을 받아 평탄해졌습니다. 한반도는 유라시아 대륙판과 해양판이 만나는 경계면의 안쪽에 위치하기 때문에, 지반이 비교적 안정적이고 평탄한 편이었습니다. 그런데 신생대 3기가 되면서, 태평양 해양판이 유라시아판 쪽을 밀면서 한반도는 동쪽에서 압력이 가해졌습니다. 압력이 직접 가해지는 동해 쪽은 특히 융기량이 많았습니다.

이러한 운동을 비대칭 요곡 운동이라고 합니다. 동고서저의 지형, 즉 동쪽은 높고 서쪽은 낮은 지형이 만들어졌습니다. 동해 지각이 주변보다 더 가

라앉게 되면서 깊은 바다가 형성되었고, 한반도에는 동쪽에 치우친 비대칭 융기 운동(경동성 요곡 운동)도 일어나게 되었습니다. 그 결과 태백산맥이 형성되었지요. 태맥산맥에서 고위 평탄면을 볼 수 있는 것은 동쪽의 높은 산지 정상이 과거에는 평탄했음을 보여 줍니다. 서쪽에도 저위 침식면이 나타나는데 동고서저의 지형 때문에 동쪽에 있던 하천이 서쪽으로 흐르면서 침식 현상이 반복적으로 일어났기 때문입니다.

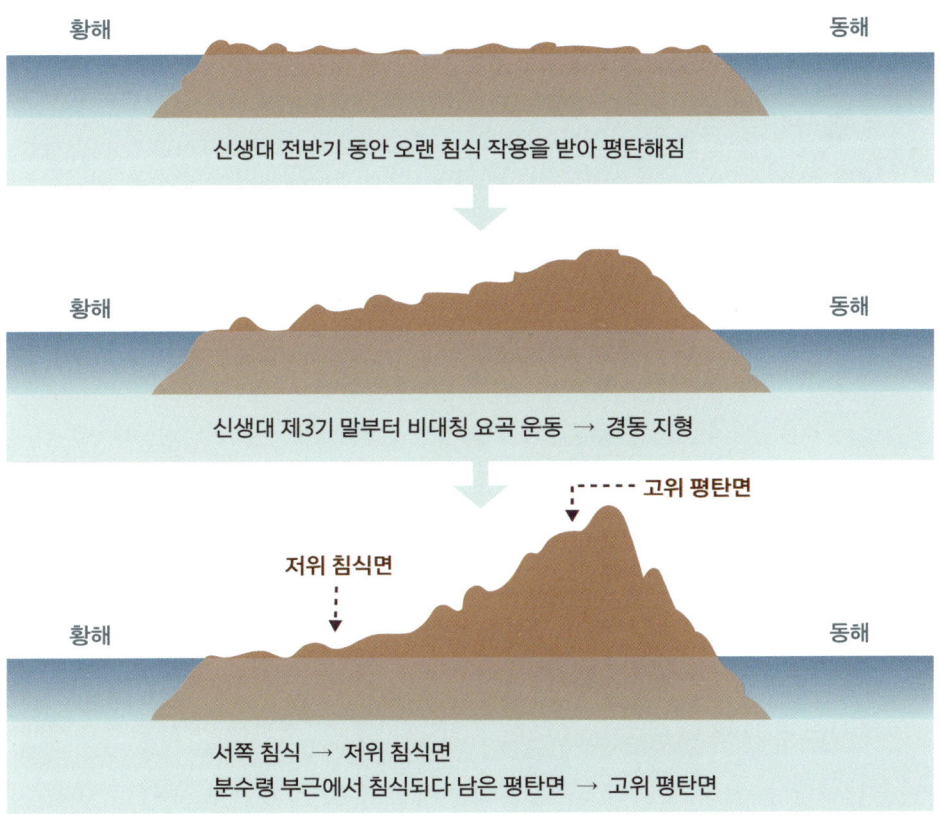

경주
기울어지고 누워 있는 신기한 주상절리

🧒 지구쌤, 친구가 경주에 놀러 갔다 왔는데, 주상절리가 멋있었대요.

👨 경주 양남의 주상절리는 천연기념물 제536호로 지정되었단다.

👧 포천 한탄강에서 본 게 주상절리였지?

🧒 맞아, 주상절리는 용암이 빠르게 식어서 육각기둥 모양으로 굳은 지형이야!

👱‍♀️ 위로 높게 솟아 있던 모습이 기억 나!

👨 잘 기억하고 있구나. 오늘은 양남 주상절리에 대해 더 관찰해 볼까?

👧🧒👱‍♀️ 네, 좋아요!

👨 오늘은 경북 동해안 지질공원을 탐방하려고 하는데, 모두 준비되었니? 동해안을 따라 포항, 경주, 영덕, 울진의 지질 명소가 많아 동해안 지질공원으로 정했단다. 경주 양남 주상절리는 다양한 주상절리 모양으로 동해안 지질공원의 상징이 되었단다. 그럼 다양한 주상절리를 관찰하러 가 볼까?

주상절리는 왜 생기나요?

주상절리는 화산 활동으로 만들어진 돌기둥입니다. 화산 활동으로 밖으로 흘러나온 뜨거운 용암이 갑자기 식으면서 수축 작용으로 균열이 생겼고,

그 틈으로 비나 눈이 스며들면서 얼고 녹기를 반복한 것입니다. 풍화와 침식 작용이 반복되면서 그 틈이 점점 벌어졌고 바윗덩어리가 떨어져 돌기둥이 생기게 된 것입니다.

경북 동해안 지질공원으로는 포항의 내연산 12폭포, 두호동 화석 산지, 구룡소 돌개구멍, 경주의 남산 화강암, 골굴암 타포니, 영덕의 고래불 해안, 죽도산 퇴적암, 울진의 불영계곡, 왕피천 등이 있습니다. 그중 경주의 양남 주상절리를 살펴볼까요?

주상절리

🙍‍♀️ 우와! 돌기둥의 모양이 굉장히 특이해요. 다른 바다에 있는 돌기둥과 다른 것 같아요!

🙎 가로로 넓적한 돌기둥 모양도 보이네요. 세로로 긴 돌기둥 모양도 보이구요! 우와! 꽃 모양을 한 돌도 있어요!

🧑‍🏫 다양한 돌기둥 모양을 관찰할 수 있지? 경주 양남 주상절리에서는 누워 있는 주상절리, 기울어진 주상절리, 위로 솟은 주상절리, 부채꼴 모양의 주상절리까지 관찰할 수 있단다.

🙍‍♀️ 지구쌤, 지난 번에 가족 여행을 제주도로 다녀왔는데, 제주도에서 경주 양남 주상절리와 같은 주상절리를 본 기억이 있어요.

🧑‍🏫 혜성이 말대로, 제주도에서도 주상절리를 볼 수 있단다. 제주도 주상절리는 한라산에서 분출된 현무암 용암이 굳어 만들어진 곳이야. 용암이 빠르게 식으면서 수직으로 균열이 생긴 돌기둥이란다.

🙎 누가 더 특이한 모양의 돌기둥을 찾는지 내기해도 재밌겠어요!

제주도 주상절리

경주 양남 주상절리

위로 솟은 주상절리

기울어진 주상절리

누워 있는 주상절리

부채꼴 모양의 주상절리(출처: 한국관광공사)

희귀한 부채꼴 주상절리

경주 양남 주상절리는 수직으로 솟은 주상절리뿐만 아니라 다양한 방향으로 뻗은 주상절리가 나타납니다. 특히 부채꼴 모양의 주상절리는 세계에서도 희귀한 주상절리로 뽑힙니다. 국가 지질공원의 로고도 이 부채꼴 주상절리 모양을 따서 만들었지요.

국가지질공원 로고

용암이 흘렀던 방향 / 용암이 식어 갈라진 방향
연못에 고인 용암
예전의 지표면 / 지금은 깎여 나간 지표면

부채꼴 모양의 주상절리는 아마 둥근 구덩이에 용암이 고였던 것으로 추측합니다. 지표면과 닿은 용암의 벽면에서 용암이 갑자기 식으면서 균열이 생기고, 용암이 점점 식어가면서 그 균열은 원의 중심을 향해 계속 갈라졌을 것입니다. 지표면은 점점 파도에 의해 깎여 나가면서 부채꼴 모양의 주상절리만 남게 된 것입니다.

기울어진 주상절리

기울어진 주상절리는 당시에 기울어져 있는 땅에 뜨거운 용암이 흘렀을 것입니다. 용암은 매우 뜨겁고 점성이 있습니다. 아래로 흐르는 동안 위쪽의 용암은 공기와 닿고, 아래쪽의 용암은 지표면과 만나 식으면서 수축 작용으로 균열이 일어났습니다. 균열들이 계속되고, 내부도 냉각되면서 기울어진 주상절리가 생기게 된 것입니다. 기울어진 틈을 따라 지하에서 용암이 올라오면서 기울어진 주상절리가 생겼을 수도 있습니다. 용암이 여러 방향으로 난 틈을 따라 올라오면서 빠른 속도로 지표면에 닿았지요. 용암이 지표로 올라오는데 비스듬히 기울어진 길이 있었고, 용암이 차가운 지표의 벽면을 만나게 되면서 빠르게 온도가 떨어지면서 수축했을 것입니다. 그러면서 접촉한 부분에서 안쪽으로 작은 틈들이 생기면서 기울어지는 주상절리를 만든 것입니다.

주상절리가 만들어지면서 식은 용암은 지금과 같이 차가운 바위가 된 것이지요. 자연과 파도가 어루만지는 대로 부서지고 깎여 주상절리의 기둥 사이 틈들이 점점 벌어지게 되고, 주변의 지표면과 암석들이 깎여 나가면서 지금의 바위가 되었을 것입니다.

자연의 힘이 정말 어마어마하지?

기울어진 땅 위에서 용암이 흘렀던 방향

용암이 식어 갈라진 방향

지하의 기울어진 틈을 따라 용암이 분출된 방향

용암이 식어 갈라진 방향

청송
태고의 신비를 간직한 흰바위 백석탄과 포트홀의 비밀

- 오늘은 청송으로 탐방을 떠나 보려고 한단다.
- 유네스코가 세계지질공원으로 지정한 곳 말이죠?
- 잘 아는구나. 청송은 2017년에 국제적으로 지질학적 가치를 인정받아 유네스코 세계지질공원으로 인증받았단다.
- 하얀 돌이 반짝거리는 것 같아요!
- 이건 백석탄이라는 돌이란다.
- 백석탄이라…. 하얀 석탄이라는 뜻인가요?
- 어떻게 만들어진 걸까요?
- 참 신기하지? 오늘은 백석탄이 뭔지 알아볼까?

백석탄은 왜 하얀색일까?

백석탄은 자갈, 모래, 진흙과 같은 퇴적물이 운반되고 퇴적되면서 단단하게 굳어진 퇴적암입니다. 백석탄의 색깔이 흰색인 이유는 바로 석영, 장석과 같은 흰색 광물 입자를 많이 포함하고 있기 때문입니다.

● 청송 백석탄의 모습

- 어떻게 바위가 이렇게 크고, 하얗죠?
- 하얀 돌과 바위들이 펼쳐져 있는 모습을 보니, 하얀 구름 속에 있는 것 같아요!
- 돌과 바위들이 눈으로 덮인 것 같아요. 너무 신기해요!
- 지구쌤, 바위에 무슨 동그란 구멍이 있어요!

포트홀

포트홀(Port hole)은 백석탄 암석에 난 항아리 모양의 오목한 구멍으로, 돌개구멍, 구혈이라고도 부릅니다. 포트홀은 물에 의해 운반되고 있던 자갈들이 강바닥에 난 작은 홈 위를 빙글빙글 돌면서 점점 구멍을 넓힙니다. 오랜 세월 동안 그 작은 홈이 커져 웅덩이를 만드는데, 이것이 바로 포트홀입니다. 주로 물이 빠르게 흐르는 곳에 만들어집니다. 백석탄 곳곳에서 포트홀을 볼 수 있습니다.

백석탄 포트홀

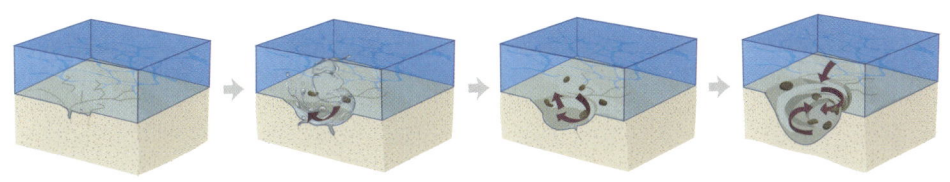

| 퇴적암층 위로 물이 흐른다. | 바다의 오목한 홈 부분에서 물이 소용돌이친다. | 운반되던 자갈과 모래가 갇혀 회전한다. | 물이 흐르는 방향이 바뀌어 웅덩이가 생긴다. |

포트홀이 만들어지는 과정

백석탄 층리의 모습

백석탄은 사암과 이암의 퇴적암으로 구성되어 있습니다. 그러다 보니 층리, 사층리, 생흔 화석 등 다양한 퇴적 구조가 관찰됩니다.

층리는 진흙, 모래, 자갈과 같은 퇴적물이 차곡차곡 쌓이면서 암석 속에 만들어진 줄무늬라고 할 수 있습니다. 줄무늬 층마다 포함된 물질, 알갱이의 크기, 모양이 다릅니다.

사층리는 층리가 기울어진 형태로, 기울어진 줄무늬를 말합니다. 과거

백석탄 층리의 모습

물이 흐르거나 바람이 부는 방향을 추리할 수 있습니다.

백석탄에는 흔적 화석도 발견되는데, 흔적 화석은 진흙이나 모래 등이 암석으로 굳지 않고 쌓여 있을 때 그 당시에 살았던 생물들이 퇴적물 안을 뚫고 들어가서 만든 화석입니다. 진흙이 굳어져서 만들어진 암석의 파편인 이암편, 진흙층 위에 모래가 쌓이면서 만들어진 불꽃 모양처럼 생긴 바위 모습도 백석탄에서 발견할 수 있습니다.

백석탄의 흔적 화석

어떤 생물이 살았는지 화석 조사하러 가 볼래요!

영천
우리나라 최고의 천문대를 찾아서

- 누리호 4차 발사도 준비 중이래!
- 이전에 누리호에 실었던 위성들도 지구 궤도를 성공적으로 돌고 있다고 하더라구. 정말 멋진 일이야.
- 달 탐사 위성인 다누리와 우주 발사체 누리호 성공으로 우리나라도 세계 7대 우주 강국이 되었단다.
- 이제 우주선도 만들 수 있을까요?
- 곧 만들 수 있지 않을까? 하하. 그런데 우리가 이렇게 위성을 날리기까지 아주 긴 역사가 있단다. 우리나라 최초로 로켓은 언제 누가 만들었는지 아니?
- 저 알아요! 고려 시대에 최무선 장군이요!
- 맞아, 최무선 장군이 로켓 무기 주화를 만들었단다. 조선 시대에는 주화를 개량해 신기전을 만들었지.

신기전

우리나라 최초의 로켓 무기

최무선 장군은 우리나라 최초의 로켓 무기인 '주화(走火)'를 발명했습니다. 주화는 임진왜란 때 비장의 무기로 활약했던 신기전을 만드는 기초가 되었습니다. 경상북도 영천에는 최무선 장군의 훌륭한 업적을 기리기 위해 세워진 최무선과학관이 있습니다.

영천 보현산천문대

천문대의 위치는 지역의 맑은 날의 수, 밤하늘에서 오는 빛, 대기 상태를 고려하여 결정됩니다. 주변의 빛 공해에서 멀리 떨어져 있는 영천 보현산천문대와 천문과학관에서는 밤하늘을 잘 관찰할 수 있습니다. 보현산천문대는 우리나라 광학 천문 관측의 중심지라고 할 수 있습니다.

우리나라에서 제일 큰 광학망원경

영천 보현산천문대에 있는 광학망원경은 우리나라에서 제일 큰 광학망

보현산천문대(출처: 한국관광공사)

보현산 천문과학관

원경입니다. 주경(렌즈) 지름이 1.8m인데, 웬만한 어른 키보다 더 큽니다. 광학망원경은 우주에서 오는 가시광선을 관측합니다. 가시광선은 사람의 눈에 보이는 빛입니다. 망원경은 주경(렌즈) 지름이 클수록 우주에서 오는 빛을 모으는 면적이 커지고 그만큼 상세하고 자세한 우주 사진을 얻을 수 있습니다. 영천 보현산천문대에 있는 광학망원경이 우리

만 원권 속 보현산천문대 광학망원경
(출처: 한국은행)

나라 만 원 지폐의 배경에 그려진 이유는 우리나라에서 제일 큰 망원경이기도 하지만, 우리 기술로 만들어졌기 때문입니다. 이 광학망원경으로 소행성을 11개나 발견했다고 합니다.

보현산천문대 광학망원경(출처: 한국관광공사)

보현산천문대 주변 별의 운동을 찍은 모습
(출처: 한국천문연구원)

경주 첨성대   창경궁 관천대(출처: 한국민족문화대백과사전)

우리나라 천문 관측의 역사

신라 시대에는 경주에 첨성대를 만들어 밤하늘을 관측했고, 고려 시대와 조선 시대에는 역법을 만들어 천체 운동을 연구했습니다. 조선 시대 세종 때는 경복궁의 서운관과 간의대에서 일식과 월식, 혜성을 관찰하기도 했습니다. 조선 시대 후기에 사용하던 천문 관측 시설인 관천대는 창경궁에 남아 있습니다.

우리나라 보물인 천상열차분야지도는 하늘의 별자리를 그린 조선 시대의 천문도입니다. 1395년에 제작되어 세계에서 두 번째로 만들어진 천문도입니다. 정밀하고

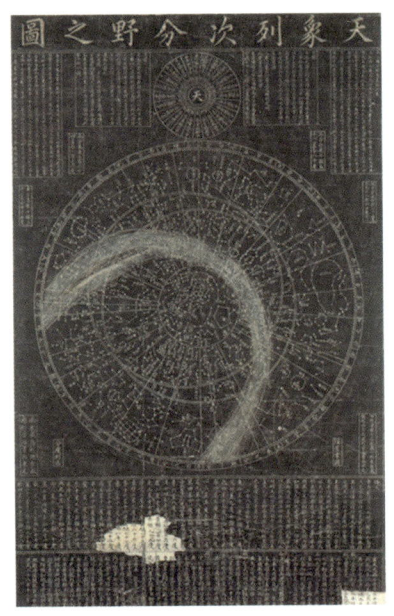

천상열차분야지도(출처: 문화재청)

세세하게 그려져 있어 독보적인 수준을 자랑합니다. 별들의 중심에 북극성이 있고, 그 북극성을 중심으로 하여 별 1,467개, 별자리 283개, 은하수를 그려 놓았습니다.

그러나 안타깝게도 임진왜란, 병자호란 등 전쟁을 겪으면서 천문학과 관련된 시설과 연구 자료들이 많이 훼손되었습니다. 1970년대에 들어서 국립 천문대 계획을 수립했습니다. 1978년에 소백산천문대, 1996년에 보현산천문대를 건립했습니다. 2003년에는 미국 아리조나주 레몬산 정상에 레몬산천문대도 건립했습니다. 우리나라에서 원격으로 조종해 밤하늘을 관측하고 연구하고 있습니다.

우리나라의 여러 천문대

우리나라에는 천문 관측을 위한 여러 천문대가 있습니다. 천문대에 대한 정보는 한국천문연구원 천문우주지식정보에 들어가면 전국의 천문대에

천문우주지식정보 페이지(출처: 한국천문연구원 천문우주지식정보)

대한 정보를 알 수 있어요. 천문대는 천문대를 누가 세웠는지, 왜 세웠는지, 어디에 세웠는지에 따라 분류합니다.

특히 소백산천문대, 보현산천문대, 미국에 있는 레몬산천문대는 국립천문대로, 학술 연구를 목적으로 만들어져서 연구자들만 망원경 사용이 가능하지요. 개인이나 가족 단위로는 제한적으로 견학할 수 있습니다.

관람형(교육용) 천문대는 일반 시민들이 이용할 수 있는 천문대입니다. 집 근처에 어느 천문대가 있는지 찾아보세요!

6장

속속들이 보물로 가득한 곳

울산 / 경상남도

울산

1월 1일, 우리나라에서 가장 먼저 해가 뜨는 간절곶

- 우리나라에서 해가 가장 먼저 뜨는 곳은 어디일까?
- 정동진? 우리나라의 가장 동쪽에 있으니까.
- 근데 정동진이 우리나라의 가장 동쪽이 아니래.
- 그럼, 가장 동쪽은 어디야?
- 지도를 보면 정동진보다 포항 호미곶이 더 동쪽에 있어.
- 무슨 얘기를 하고 있었니? 아주 열띤 토론을 하는 것 같아 보이는데?
- 지구쌤, 우리나라에서 해가 가장 먼저 뜨는 곳이 어디인지 이야기하고 있었어요.
- 아… 그렇구나. 그럼, 우리나라 동해안에서 해를 가장 먼저 볼 수 있는 곳이 어디인지 알아볼까?

육지에서는 간절곶이, 섬까지 하면 독도가 1등!

해는 동쪽에서 뜹니다. 그래서 우리나라에서 가장 동쪽에 위치한 포항 호미곶에서 일출을 가장 먼저 볼 수 있을 것이라고 생각하는 사람들이 많습니다. 하지만 우리나라 동해안에서 해를 가장 먼저 볼 수 있는 곳은 바로 울산 울주군 대송리에 있는 간절곶입니다.

간절곶에서 새해 해돋이를 보는 시민들의 모습(출처: 한국관광공사)

한국천문연구원에 따르면, 우리나라의 2024년 새해 첫 해는 독도에서 오전 7시 26분에 가장 먼저 떠올랐습니다. 울산 간절곶에서는 오전 7시 31분, 포항 호미곶에서는 오전 7시 32분에 새해 첫 일출을 볼 수 있었습니다.

계절이 생기는 이유

포항보다 울산에 해가 더 빨리 뜨는 이유는 지구와 태양의 운동과 관련이 있어요. 지구의 자전축이 수직이라면 지구가 어디에 있든 태양이 비치는 각도가 같을 것입니다. 그런데 지구는 자전축이 23.5° 기울어져 있어서 여름에는 태양이 북반구를, 겨울에는 남반구를 집중적으로 비춥니다. 예를 들어, 우리가 책상 위에 흰 종이를 놓고 손전등을 수직으로 세워 비추면 빛이 좁은

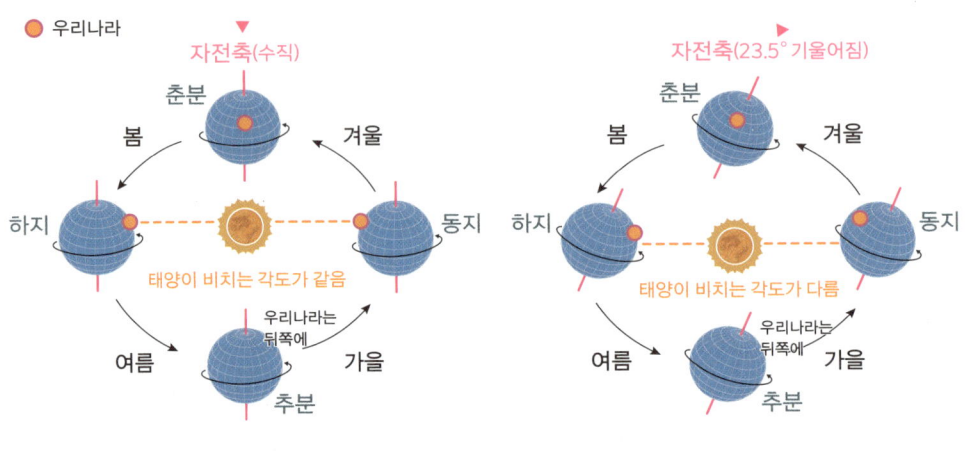

| 지구의 자전축이 수직이라고 가정했을 때 | 지구의 자전축이 23.5° 기울어졌을 때 |

범위만 비추지만 밝고, 손전등을 기울어서 눕히면 넓은 범위를 비추지만 어두워집니다. 이처럼 여름에는 태양이 북반구를 더 큰 각도로 비추기 때문에 에너지가 집중되고 겨울에는 북반구를 비추는 각도가 상대적으로 작아져 에너지가 분산되는 것입니다.

울산 간절곶이 포항 호미곶보다 해가 먼저 뜨는 이유

한겨울에는 태양이 지구의 북반구 쪽이 아닌 남반구 쪽에서 비춥니다. 북반구의 거의 같은 경도에 있는 간절곶과 호미곶 중 위도가 조금 더 남쪽에 있는 간절곶에서 해가 먼저 뜹니다. 실제로 겨울에는 태양이 남반구 쪽으로 치우친 지점에 있어서, 태양이 지구의 동쪽이 아니라 지구의 남반구 쪽에 있습니다. 간절곶이 호미곶보다 경도상으로 더 서쪽에 있지만, 위도상으로 보면 더 남쪽에 있기 때문에 아침 해가 1분 정도 먼저 뜨는 것입니다.

울산 간절곶에 해가 뜨는 모습

태양의 빛과 열

태양은 태양계의 중심에 있는 항성입니다. 항성은 별이라고도 합니다. 태양은 태양계에서 유일한 별이고, 모든 에너지의 근원입니다. 태양이 있기 때문에 지구에 낮과 밤이 생기고, 우리가 사계절과 날씨 변화를 경험하는 것입니다. 생명이 존재하는 것 또한 태양 덕분입니다. 태양이 지구에 도달하는 열은 태양이 내는 열의 22억 분의 1 정도입니다.

화성에서 태양을 바라보면 파란색

지구에서 해가 뜨거나 지는 모습을 바라볼 때 태양이 주황빛을 띠는 이유는 파장이 긴 빛들이 낮보다 더 많이 산란되기 때문입니다. 빛의 산란은 태양빛이 대기에 들어와서 산소나 질소 분자와 같은 공기 입자 등과 부딪히면 여러 방향으로 흩어지는 현상을 말합니다. 낮에

태양의 모습(출처: NASA, 2013)

태양을 바라보면 흰색으로 보입니다. 태양은 자외선, 가시광선, 적외선 등 넓은 스펙트럼의 빛을 내는데, 가시광선의 파장이 우리의 눈에 들어올 때는 무지개 색이 다 합쳐져 태양이 흰색으로 보이게 되는 것입니다.

화성에서는 태양이 질 때 태양을 바라보면, 태양의 색이 파란색으로 보인다고 합니다. 그 이유는 화성이 지구보다 대기가 희박하고, 화성의 대기는 이산화 탄소가 대부분이어서 파장이 짧은 빛이 잘 산란되지 않기 때문입니다. 그래서 화성에서 태양을 바라보면, 태양의 색이 푸르게 보입니다.

화성의 푸른 노을(출처: NASA, 2005)

고성

공룡 발자국과 함께 떠나는 과거 여행

- 오늘은 우리 산이가 제일 좋아하는 공룡 발자국 화석을 찾으러 가려고 해.
- 진짜요? 저, 며칠 전에 대구에 고산골 공룡공원에 다녀왔어요.
- 대구 고산골 공룡공원도 좋은 곳이지.
- 고산골 공룡공원에서 1억 년 전 중생대 백악기의 흔적을 봤어요. 제가 제일 좋아하는 공룡이 스테고사우루스인데, 공룡 발자국 화석지도 직접 보고 왔어요.
- 그럼 이번에는 경남 고성으로 가 보자꾸나!

고성 상족암군립공원

경남 고성은 세계 3대 공룡 발자국 화석 산지 중 하나이고, 국내 최초로 공룡 발자국이 발견된 곳입니다. 한국 공룡 연구의 시작이 된 곳이죠. 상족암 공원 안에서는 멋진 풍경을 자랑하는 해식애도 볼 수 있습니다.

해식애

🧒 와, 바위가 참 멋있어요.

👧 절벽이 시루떡을 차곡차곡 쌓아 놓은 것 같아요.

👦 저 절벽은 멀리서 보면 코끼리 모습을 하고 있는 것 같아요.

👨 파도 바람을 이겨 내고 견뎌 내면서 만들어진 멋진 지형이란다. 도시에서는 잘 볼 수 없는 풍경이지?

● 상족암의 멋진 모습

상족암에는 사진 찍기 좋은 곳이 많아요.

해식애와 파식대

해식애는 파도의 침식 작용과 풍화 작용에 의해 해안에 만들어진 절벽입니다. 파도가 해안 지형을 육지 쪽으로 깎아 들어가면서 해식애가 만들어집니다. 파도가 강하게 치는 바닷가에서 돌출된 지형은 파도의 침식 작용이 더 활발하게 일어나서 암석이 깎여 나가는 모습을 볼 수 있습니다.

해식애 앞으로 평탄하게 있는 암반층을 파식대라고 부릅니다. 파식대는 암석 해안에서 파도의 침식 작용으로 형성되는 평탄한 지형을 말합니다. 파식대는 보통 해수면보다 약간 아래쪽 부근으로 형성되고, 밀물과 썰물이 드나드는 조수 간만의 차의 영향을 많이 받습니다. 파식대가 만들어진 이후 파도의 영향으로 해식애가 침식되며 육지 쪽으로 파이면, 파식대도 점점 넓어지는 것입니다. 우리나라에는 거의 모든 해안에 파식대가 분포하는데, 특히 서해안의 파식대가 동해안에 비해 규모가 큽니다.

고성 상족암군립공원의 화석 산지

고성 상족암군립공원에 위치한 화석 산지는 1982년에 발견되었습니다. 151쪽 사진에서 보이는 웅덩이는 공룡 발자국입니다. 천연기념물로 지정되었지요. 상족암 바닷가에는 크고 작은 물웅덩이 250여 개가 있습니다. 약 1억 5천만 년 전에 호수 또는 늪지대였던 이곳에 모여 살았던 공룡들의 발자국으로 추측합니다. 공룡들이 찍은 발자국 위로 퇴적층이 겹겹이 쌓이면서 암석으로 굳어졌습니다. 그리고 지층으로 솟아오른 퇴적층이 파도의 침식 작용으로 씻겨 나가면서 공룡 발자국이 다시 드러난 것이지요. 고성 덕명리 공룡 발자국과 새 발자국 화석 산지는 중생대 백악기 공룡 발자국 화석 산지로 세계적으로 손꼽히는 장소이고, 중생대 새 발자국 화석 산지로는 세계 최대 규모입니다. 고성에 살았던 공룡의 생활 모습, 자연환경, 퇴적 환경, 새의 진화 과정 등을 알 수 있는 아주 귀중한 화석 산지입니다.

공룡 발자국

공룡 발자국을 보면 어떤 종류의 공룡인지 알 수 있습니다. 발자국에 따라 용각류, 조각류, 수각류로 나누어집니다.

용각류는 일반적으로 네 발로 걷고 동그란 발바닥을 가진 초식 동물입니다. 용각류 발자국 화석을 보면 앞발은 뒷발보다 크기가 작고 뒷발은 전체적으로는 둥근 모양 또는 타원형을 나타냅니다. 조각류는 앞으로 향한 세 개의 뭉툭한 발가락과 완만한 곡선을 가진 발뒤꿈치를 가진 초식 공룡입니다. 조각류의 대부분은 두 발로 걷고, 좌우의 발자국이 교대로 규칙적인 배열을 갖는 것이 특징입니다. 수각류는 조각류처럼 두 발로 걷지만 발뒤꿈치가 좁고 뾰족한 모양인 육식 공룡입니다. 발톱 자국이 날카롭다는 점에서 조각류와 구별됩니다. 대표적인 육식 공룡은 티라노사우루스인데 발가락 중에 긴 것은 1m가 되는 것도 있습니다.

용각류 조각류 수각류

● 공룡 발자국을 따라 걷는 길

고성 덕명리 공룡 발자국과 새 발자국 화석 산지

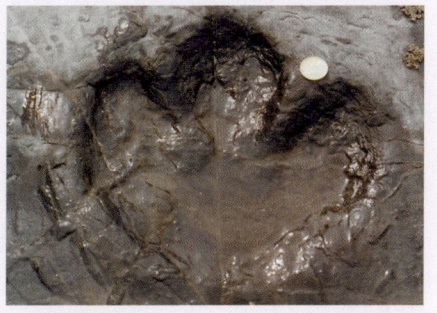

용각류 발자국

조각류 발자국

수각류 발자국
(출처: 진주교육대학교 과학교육과 김경수 교수)

나도 가서 발자국 찾아볼래!

밀양

여름에도 얼음이 어는 얼음골

- 어우~ 얘들아, 너무 덥다!
- 네, 너무 더워요. 이렇게 폭염이 지속되는 날들이 많아지는 것도 기후 위기 맞죠?
- 맞아. 우리나라도 이제 이상 기후 현상에서 벗어날 수 없게 되었구나.
- 헉헉, 오늘 정말 더워요. 낮 최고 기온이 40℃ 가까이 올라간다고 폭염 경보를 발표했어요.
- 시원하게 에어컨 틀고 가만히 집에 있어야겠어요.
- 에어컨을 켠 것보다 시원한 곳이 있는데, 알려 줄까?
- 알려 주세요, 지구쌤!

기온은 오르고 재해는 잦아지는 지구

이상 기후는 기온이나 강수량 등 기상 요소가 정상적인 상태를 벗어난 것을 말합니다. 이상 기후 현상에는 폭염, 열대야, 한파, 홍수, 폭설, 가뭄 등이 있습니다. 이러한 기후 변화는 지구 온난화와 같은 인간 활동과 자연적인 기후 변동의 상호 작용으로 발생합니다.

지구 온난화는 인간의 활동으로 대기 중 온실가스 농도가 증가하고 지구

표면의 온도가 높아지는 현상인데, 우리가 이상 기후 현상을 겪는 원인으로 꼽습니다. 예를 들어 엘니뇨는 태평양 열대 지역에서 발생하는 기후 현상으로, 태평양 해수면 온도 상승과 태풍 활동을 증가시킵니다. 지구 온난화로 바다 수면 온도가 점점 높아지면 엘니뇨 발생이 잦아지고, 엘니뇨가 다시 지구 온난화를 가속화시키는 악순환이 반복됩니다.

- 한여름에도 시원한 곳은 바로 밀양 얼음골이란다.
- 얼음골이라는 이름부터 시원한데요?
- 밀양 얼음골은 한여름에는 얼음이 얼고 한겨울에는 따스한 바람이 부는 곳으로 유명한 장소야. 그래서 많은 사람들이 더위를 식히기 위해 경남 밀양으로 휴가를 많이 떠난단다.
- 더위야 물렀거라!
- 와! 사람들이 엄청 많아요!
- 불볕더위를 피해 사람들이 피서로 모두 밀양 얼음골에 왔나 봐요!

밀양의 얼음골

밀양의 얼음골은 해발 600~750m에 있는 계곡입니다. 한여름에도 바위틈의 평균 기온이 0.2℃라서 '밀양의 신비'로 불리며 천연기념물로 지정하여 보호하고 있습니다.

밀양은 어떻게 이렇게 시원한 것일까요? 밀양의 얼음골은 동쪽, 남쪽,

서쪽의 삼면이 산과 절벽으로 둘러싸여 있고, 북쪽으로 트여 있습니다. 이러한 지형은 동일 위도상의 평지에 비해 일사량이 매우 적습니다. 일사량이란 태양으로부터 오는 복사 에너지의 양입니다.

밀양 얼음골은 계곡 절벽이 높고 폭도 넓어 일조량의 약 30% 정도만 계곡 내부로 들어옵니다. 그래서 평지에 비해 기온이 매우 낮은 것입니다. 또한 밀양의 얼음골은 영남알프스의 가운데에 위치해 있습니다. 1,000m가 넘는 산봉우리 7개에 둘러싸여 있기 때문에 냉기를 오랫동안 안고 있습니다. 차가운 공기는 바깥으로 잘 빠져나가지 못하고 상대적으로 따뜻한 공기는 들어오지 못해 얼음골의 차가운 공기가 오래 유지되는 것입니다.

밀양 얼음골

밀양 얼음골의 돌

밀양 얼음골에 있는 돌의 비밀

밀양 얼음골은 너덜지대에 있습니다. 너덜지대라는 것은 비슷한 크기로 쪼개진 바위나 돌덩이들이 넓게 흩어져 있고, 또 그 바위나 돌덩이들이 켜켜이 쌓여 있는 곳을 말합니다. 밀양 얼음골의 바위와 돌덩이들 사이사이 틈에는 우리가 생각하는 것보다 넓은 공간이 존재합니다. 이 공간에 차가운 냉기가 차곡차곡 쌓이게 되고, 그 차가운 공기로 인해 얼음골이 전체적으로 시원합니다.

밀양의 얼음골은 대표적인 화성암의 종류인 안산암으로 만들어졌습니다. 안산암은 용암이 분출할 때, 빠르게 식으면서 만들어졌기 때문에 돌의 입자가 크고 구멍이 송송 뚫려 있습니다. 이런 구멍이 뚫린 돌들이 서로 쌓이고 쌓여 있어서 공기는 큰 저항을 받지 않고 자유롭게 너덜을 통과

밀양 얼음골에 주렁주렁 달려 있는 신비한 얼음
(출처: 밀양시)

할 수 있는 것입니다. 특히 안산암은 열전도율이 아주 낮습니다. 열 차단 효과가 뛰어나지요. 그래서 겨울에 축적된 얼음골의 냉기가 한여름의 무더위와 뙤약볕에도 쉽게 더워지거나 달아오르지 않고 오랫동안 차가운 상태로 유지될 수 있다고 합니다.

시례 호박소

시례 호박소는 산에서 흘러내린 계곡물이 만든 못입니다. 화강암이 수십만 년 동안 물에 씻겨서 커다란 못을 만든 것입니다. 그 모양이 가운데가 움푹 파인 절구통처럼 생겨 '호박(절구통의 경상도 사투리)소'라 붙여졌다고 합니다.

시례 호박소

거제
돌돌돌돌, 좌르르 몽돌해변

- 난 방학 때 해수욕장 다녀왔다~!
- 나도 갔다 왔는데…. 해변에서 모래성도 만들고 아주 재미있게 놀았어.
- 나는 몽돌해변에 다녀왔어.
- 나도 여수 몽돌해변 간 적 있는데! 어디에 있는 몽돌해변에 다녀온 거야?
- 거제도에 갔었는데, 해변이 몽땅 돌이었어. 그래서 몽돌해변이라고 하나 봐.
- 돌로 이루어진 해변인 것은 맞지만, 몽돌은 그냥 돌과는 다르단다.
- 왜 몽돌이라고 하는지 이야기해 주세요.
- 그럼 거제 몽돌해변에 대해 알아보자꾸나.

거제 몽돌해변

거제 몽돌해변에 있는 몽돌은 크기가 작고, 색깔이 까매서 바다의 '흑진주'라고도 부릅니다. 몽돌해변에도 모래가 있지만 발에 잘 달라붙지 않아서 해변을 거닐거나 바다 구경하기가 참 좋습니다. 특히 몽돌은 날카롭지 않아서 다칠 위험도 적지요.

● 몽돌해변의 모습

거제 몽돌해변

몽돌해변의 몽돌

파도가 몽돌을 쓸어 나가는 모습

몽돌이 구르면서 소리가 나요!

몽돌해변은 어떻게 만들어질까?

큰 바윗돌이 빗물, 냇물, 바람 등에 의해 깎이는 침식 작용과 분해되는 풍화 작용을 거쳐 돌덩이가 됩니다. 돌덩이는 다시 침식 작용과 풍화 작용으로 자갈돌이 되고, 자갈돌이 모래알이 됩니다. 자갈돌보다 더 닳아서 작아진 둥근 돌을 몽돌이라고 합니다. 주로 섬 지역에 몽돌해변이 발달되는데, 강의 크기와 규모가 작아서 운반물이 적고 이동 거리가 짧기 때문이에요. 자갈이 모래가 되기 전에 바다에 도착한 것입니다. 또 주변의 암석 해안에서 파도의 침식 작용으로 만들어진 자갈돌과 몽돌이 몽돌해변에 바로 운반이 되기도 합니다. 돌과 바위들이 파도로 침식과 풍화 작용을 거치고, 해변으로 이동하는 중에 파도를 다시 만나면서 침식 작용이 일어납니다. 이어서 둥근 자갈이 해변에 쌓이며 몽돌해변이 만들어집니다.

몽돌해변이 만들어지는 과정

몽돌해변에 있는 몽돌

거제도와 거제 주변에 있는 섬은 마그마가 지표 부근에서 식어서 굳은 안산암으로 되어 있습니다. 안산암은 현무암처럼 마그마가 빠르게 식으면서 만들어진 화산암입니다. 안산암으로 된 지형은 산의 경사가 급한 편이고, 해안이 좁게 만들어지는 것이 특징입니다. 안산암은 잘 부서지지 않는 특징을 가지고 있습니다. 안산암으로 된 산은 강이 좁아 운반되는 자갈과 돌덩이의 양이 적습니다. 이 돌덩이들이 이동하는 동안 잘 부서지지 못하고 모서리만 깎여 둥근 몽돌이 되는 것입니다. 안산암으로 만들어진 돌이니 돌 자체도 단단해서 파도에 둥글게 다듬어지기만 합니다.

예쁘다고 몽돌을 집에 가지고 가면 안 돼요.

소중한 천연자원, 몽돌

1장

사람과 자연이 함께하는 곳

전북특별자치도

진안

불쑥 솟은 두 개의 봉우리 마이산

- 지구쌤, 지난주에 할아버지랑 경산에서 광주로 가다가 정말 신기한 돌산을 봤어요. 두 산이 나란히 있더라구요!
- 경산에서 광주로 가는 길이라면…?
- 두 산이 과자 꼬깔콘처럼 뾰족하게 툭 튀어나와 있는 거예요. 흙이나 나무가 없는 그냥 돌덩어리처럼 생겼는데, 엄청 컸어요.
- 두 개의 돌덩어리 산이라면 마이산 같구나.
- 말의 귀를 닮았다는 마이산 말이죠?
- 잘 알고 있구나. 그럼, 마이산의 전설부터 시작해 볼까?

마이산의 전설

아주아주 먼 옛날, 하늘나라에서 산신 부부가 큰 죄를 지어 땅으로 쫓겨났어요. 오랜 시간 동안 반성하며 착하게 살던 산신 부부는 다시 하늘나라로 돌아갈 시간이 되었습니다.

남편 산신이 아내 산신에게 말했습니다. "이제 하늘나라로 다시 올라갈 때가 되었소. 그러나 우리가 하늘나라로 돌아가는 모습을 사람들이 보면 안

되니, 모두가 깊이 잠든 한밤중에 올라가는 것이 좋겠소."

아내 산신은 "한밤중은 너무 무서워요. 그리고 잠을 못 자서 너무 피곤할 거예요. 푹 자고 일찍 일어나 새벽에 올라가는 것이 어때요?"라고 말했습니다. 남편 산신은 새벽에 올라가는 것이 걱정되었지만 아내 산신의 고집을 꺾지 못했습니다.

다음 날 새벽, 산신 부부가 하늘로 올라가려고 산을 쑥쑥 키우고 있을 때, 아랫마을의 부지런한 아낙네가 우물을 찾다가 그 모습을 보고 놀라 소리를 질렀습니다. 결국 사람들에게 들킨 산신 부부는 하늘로 올라가지 못하고 그 자리에 굳어져 숫마이봉과 암마이봉이 되었습니다. 재미있는 전설이지요?

마이산은 처음에 서다산, 용출산, 속금산으로 불리다가 조선 시대 태종 때부터 마이산이라고 불렀다고 합니다.

왼쪽이 숫마이봉, 오른쪽이 암마이봉!

- 지구쌤, 마이산 벽이 너무 신기해요. 여기저기 구멍이 뻥뻥 뚫려 있네요. 마치 뭐가 떨어져 나간 것 같은 구멍이에요.
- 마이산이 역암으로 만들어져서 그렇단다. 흙이 하나도 섞이지 않은 순수한 역암이야. 1억 년 전에 호수였던 진안분지에 큰 홍수가 일어나면서 근방에 있던 자갈, 모래, 흙이 퇴적되어 생긴 역암이지. 그 후에 지각 변동에 의해서 서서히 융기되면서 현재의 형태가 만들어진 거야.
- 지구쌤, 여기가 호수였던 것을 어떻게 알 수 있어요?
- 암마이봉에 특별한 화석이 종종 발견되는데, 화석으로 알 수 있단다.

마이산이 옛날에 호수였다?

마이산에서 민물고기와 다슬기 같은 화석이 발견되었기 때문에 마이산이 예전에는 호수였을 것이라고 추정합니다. 또한 마이산에서 나온 화석으로 마이산이 퇴적암인 역암으로 이루어졌다는 것을 알 수 있습니다.

타포니 지형

바람에 의해서 깎이는 작용을 풍화 작용이라고 하는데, 풍화 작용은 보통 바위 표면에서 일어나는 현상입니다. 마이산에서 볼 수 있는 구멍은 겉에서 갈아 낸 구멍이 아니라 뭔가 쏙쏙 빠져나온 구멍처럼 보입니다. 이런 지형을 타포니 지형이라고 합니다. 타포니 지형은 풍화 작용과 달리 바위 내부에서 시작해 내부가 팽창되면서 바깥쪽에 있는 바위 표면을 밀어내면서 생깁니다.

마이산 타포니 지형

역고드름

고드름은 위에서 밑으로 떨어지는 물이 뾰족하게 얼어붙은 얼음입니다. 그런데 역고드름은 밑에서부터 위로 생깁니다. 이러한 현상은 마이산의 탑사라는 절 근처에서 생기는 신기한 현상입니다. 역고드름이 생기려면 주변의 기온이 급격히 하강해 물이 빨리 얼음이 되어야 합니다. 또 바람이 불지 않고, 매우 건조해야 합니다. 마이산은 날씨가 갑자기 추워지면 물이 아래쪽부터 얼기 시작합니다. 물이 밑에서부터 얼면서 늘어난 부피가 물 표면의 약한 쪽으로 밀고 올라가면서 어는 것입니다.

역고드름을 보면 소원을 빌어 보세요!

역고드름
(출처: 산속여행자 네이버블로그)

고창

반딧불이를 찾아 떠나는 운곡습지

- 람사르습지가 뭔지 아니?
- 습지보호지역을 말하는 거 아니야?
- 맞아. 우리나라에는 람사르습지가 24곳 있대.
- 잘 알고 있구나. 그럼, 오늘은 람사르습지로 특별한 탐험을 떠나 볼까?
- 어느 습지로 가나요?
- 오늘은 문 밖에만 나서도 볼 것도 많고 갈 곳도 많다는 그림 같은 고창으로 가 보자꾸나.

소중한 고창

우리나라의 습지는 서해안과 남해안의 갯벌이 습지의 대부분을 차지하고, 육지의 내륙에는 강을 중심으로 크고 작은 하천과 지천의 내륙 습지가 발달해 있습니다.

고창은 군 전체가 유네스코 생물

논 습지

하구 습지

산지 습지

권보전지역으로 지정된 곳입니다. 멸종위기 야생 동식물과 희귀종이 거주하는 습지보호지역으로, 2011년에 람사르습지로 등록된 국가생태관광지인 운곡습지가 있습니다.

람사르습지란 람사르협약에 의해 지정된 습지로, 희귀 동식물이 사는 습지나 생물과 주변 환경에 큰 영향을 미치는 습지를 말합니다. 습지를 보호하기 위해 1971년 2월 2일 이란 람사르에서 체결한 협약을 람사르협약이라고 부르지요. 정식 명칭은 '물새 서식지로서 국제적으로 중요한 습지에 관한 협약'입니다.

운곡습지

고창은 바다와 닿아 있는 갯벌 습지와 운곡습지가 있습니다. 운곡습지는 원래 주민들이 습지를 논으로 만들어 농사짓던 곳이에요. 하지만 원자력 발전소가 생기고, 근처 저수지의 물을 사용하면서 논농사가 어려워졌어요. 이후 사람들의 손이 닿지 않는 동안 자연은 스스로 원래의 습지 상태로 돌아

운곡습지 생태길

운곡습지의 역사

갔습니다. 이처럼 습지는 지구상에서 가장 생산적인 생태계이기 때문에 우리 모두 소중하게 보호해야 합니다.

    운곡습지는 한국의 대표적인 다설 지역으로 겨울철과 이른 봄에도 가뭄이 잘 들지 않았습니다. 그러다 보니 토양 수분이 충분하고 골짜기가 형성되어 습지가 발달할 수 있는 지형 조건을 갖추고 있습니다.

운곡습지

진노랑상사화

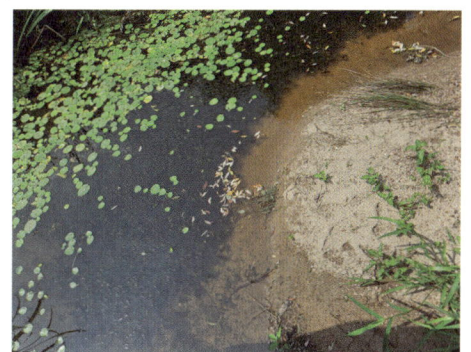
습지 내 부유 식물

🧒 저기! 고인돌 아닌가요?

👦 맞아, 고인돌이야. 운곡습지의 1코스에는 2000년에 세계문화유산으로 등재된 고인돌 군락지가 있단다. 고창에는 약 1,600기의 고인돌이 있는데 그중 447기의 고인돌이 여기에 있단다.

👧 와! 고인돌을 직접 보다니… 저 무거운 돌을 어떻게 옮겼는지 대단한 것 같아요.

👦 세계적으로도 아주 드문 경우지! 이제 슬슬 습지로 들어가 볼까?

계산리 고인돌

● 운곡습지에서 만나는 다양한 생물들

운곡 저수지

조류 관찰대

🧒 잔잔한 저수지의 물결을 보고 있으니 마음이 평온해지는 것 같아요. 꼭 모든 생물들을 따뜻하게 품어 주는 것 같아요.

👨 나도 마음이 편안해지는구나. 조금만 더 가면 오늘은 종착지인 운곡 람사르습지 홍보관이 나오는데 다시 힘내서 가 볼까?

 네~!

👨 홍보관은 운곡습지의 유래를 알려 주고, 습지 보전의 가치를 일깨우기 위해 체험하고 배우는 공간으로 구성되어 있단다. 체험 시설로는 각종 미디어 플레이어, 습지 상영관, 습지를 배경으로 사진 촬영을 할 수 있는 디지털 방명록 등이 있단다. 다양한 생태 교육 프로그램도 운영하고 있지.

운곡 람사르습지 홍보관

전시물

운곡 람사르습지 수달열차

습지가 워낙 넓어서 수달 열차를 운행한대요.

🧑 또 운곡습지에서 볼 수 있는 신기한 것을 알려 줄까?

👧 그게 뭐예요?

🧑 그건 말이지! 바로 반딧불이란다. 6월에서 7월 초까지 애반딧불이를 보기 좋은 기간이지. 은하수를 뿌린 듯 반딧불이의 화려한 날갯짓을 볼 수 있단다!

👦 우와~ 정말요? 빨리 보고 싶어요!

운곡습지의 반딧불이

7월 초까지는 애반딧불이를 볼 수 있고 9월에는 늦반딧불이를 볼 수 있습니다. 2016년부터 운곡습지에 반딧불이들이 조금씩 늘어나기 시작했습니다. 여름밤을 수놓는 반딧불이가 있다는 것은 운곡습지가 우수한 생태적 가치와 청정한 자연환경을 지녔음을 보여 주는 증거입니다. 운곡습지는 홈페이지에서 6월과 9월 사이에 약 2주간에 걸쳐서 관람 신청을 받고 있습니다. 여름 방학에 신청해 보세요!

곶자왈반딧불이축제(출처: 한국관광콘텐츠랩)

빛을 내는 반딧불이

부안
변산반도의 멋진 채석강과 해식 동굴

- 🧑 오늘은 시간을 딱 맞춰서 가야 하니 서두르자.
- 🧒 왜요?
- 🧑 예전에 물때에 대해 설명해 준 적 있지?
- 👧 바다에서 밀물이 들어오고 썰물이 빠지는 때를 말하는 거지요?
- 🧑 그렇지. 오늘은 물때를 잘 맞춰야 볼 수 있는 곳이거든.
- 👧 거기가 어디예요?
- 🧑 변산반도에 있는 채석강이란다.

변산반도

변산반도는 한반도와 같이 변산의 삼면이 바다로 둘러싸여 있어서 붙여진 이름입니다. 1971년에 도립공원으로 지정된 뒤 자연 경관과 함께 역사 문화 자원의 보존 가치를 인정받아 1988년 국립공원으로 승격되었습니다. 우리나라에서는 유일한 반도형 국립공원입니다.

삼면이 바다로 둘러싸여 있는 변산반도

- 층층이 쌓여 있는 모습이 너무 신기해요.
- 채석강은 어떻게 만들어졌나요?
- 변산반도는 우리나라에서 화산이 가장 활발하고 공룡이 번성했던 중생대에 만들어졌단다. 오래전 이 지층들이 호수에서 퇴적되었다가 하천을 따라 운반되어 차곡차곡 쌓인 다음에 화산 분출과 지진에 의해 다양한 지질 형태를 이루게 되었지.
- 지구쌤, 무슨 말인지 이해가 안 돼요.
- 하나씩 보면서 살펴보자꾸나!

채석강

채석강은 변산반도 서쪽 끝 격포항과 닭이봉 일대의 층암절벽과 바다를 말합니다. 썰물 때 드러나기 때문에 물때를 잘 맞춰야 볼 수 있습니다. 채석강은 기암괴석들과 수만 권의 책을 차곡차곡 포개 놓은 듯한 퇴적암층으로 중국의 채석강과 모습이 흡사해 채석강이라는 이름을 붙였다고 합니다.

변산반도는 거대한 화산이 활동했던 곳입니다. 수많은 분화구에서 화산재와 용암이 뿜어 나왔습니다. 화산 분출 시 용암이 흘러나온 흔적들을 볼 수 있습니다. 지층 사이로 불뚝 튀어나온 암석은 약 8,900만 년 전 퇴적층에 마그마가 관입하면서 형성된 관입암체입니다. 암석 색깔이 서로 다르게 보이는 곳이 관입암체의 경계부인데, 셰일(수성암)이 마그마 때문에 성분이나 조직이 변한 흔적으로 볼 수 있습니다.

채석강 전경 | 단층
관입암체 | 관입암체 경계부

채석강에서 보는 해식 지형

채석강에는 오랜 시간 쌓인 퇴적암층에 화산 활동으로 형성된 독특한 지질 구조들이 많습니다. 해수면이 상승하면서 바닷물에 의한 침식 작용으로 해식 지형이 나타나게 되었습니다. 끊어진 듯한 지층은 충상 단층으로 지층이 깨지면서 이동했던 모습입니다. 이렇게 형성된 단층은 파랑으로 인해 깎이고 암석이 떨어져 나가면서 급경사를 가진 해식애를 만들었고 바닥은 평평하게 침식되어 파식대가 되었습니다.

층상 단층

퇴적 동시성 변형 구조

채석강 절벽에서부터 적벽강 절벽에 이르기까지 퇴적 동시성 변형 구조를 관찰할 수 있습니다. 퇴적층이 완전히 굳기 전에 지각 변동의 힘을 받아 변형된 지층입니다. 대월 습곡도 그중 하나입니다.(38쪽 참고)

조수 웅덩이와 해식 동굴

채석강의 암반 지대가 파도에 의해 차별 침식을 받아 곳곳에 만들어진 조그마한 웅덩이를 조수 웅덩이라고 합니다. 이 조수 웅덩이를 가만히 들여다보면 땅과 바다에서는 볼 수 없는 작은 생태계가 있습니다. 이 좁은 조수 웅덩이라는 공간에서 규조, 녹조와 같은 식물이나 해면, 해파리, 이끼벌레, 말미잘, 따개비, 게, 고둥, 물고기 등 다양한 생물들이 살아가고 있습니다.

격포항 쪽으로 이동하면 해식 동굴을 볼 수 있습니다. 해식 동굴은 파도에 의해서 생긴 동굴로 해식애의 약한 부위를 지속적으로 파도가 깎아 만들어집니다. 즉 절리나 단층면같이 약한 지형이 무너지거나 침식 작용에 의해 생긴 것입니다.

조수 웅덩이 속 다양한 생물들

조수 웅덩이 속 소금 결정들

채석강 곳곳에서 발견되는 해식 동굴

군산
생명 다양성의 보고! 군산 갯벌 이야기

- 갯벌이 모두 같은 갯벌이 아닌가 봐요?
- 펄이 많은 갯벌도 있고, 모래가 많이 섞인 갯벌도 있지.
- 물이 빠진 갯벌에서 기어다니는 작은 게들을 보면 정말 재미있어요.
- 그렇지? 갯벌은 수많은 동식물들이 살아가는 생명의 보고라고 할 수 있지.
- 우리나라 서해안은 갯벌이 만들어지기에 매우 좋은 조건을 가지고 있대요.
- 그럼, 갯벌의 종류부터 알아볼까?

갯벌의 종류

갯벌은 퇴적물의 크기에 따라 펄, 모래, 혼합 갯벌(펄+모래)로 이루어집니다. 보통 갯벌이라고 하면 대부분 펄 갯벌을 가리킵니다. 펄은 물살이 느린 바닷가나 강 하구에 발달하는데 진흙처럼 아주 곱기 때문에 발이 쉽게 빠져 이동하기가 힘듭니다. 갯벌은 수많은 동식물의 서식지이자 산란지입니다. 철새들의 사냥터이기도 하지요. 뿐만 아니라 박테리아 같은 미생물부터 낙지, 숭어 등 다양한 생물이 살고 있습니다. 우리나라의 갯벌은 수심이 얕고 조석 간만의 차가 매우 큰 서해안에 약 83%가 집중되어 있습니다.

펄 갯벌   모래 갯벌   혼합 갯벌

● 갯벌에 사는 다양한 생물들

조개류   농게   칠게

칠면초   망둑어   철새

갯벌의 역할

 갯벌은 무엇보다 환경 정화 작용이 뛰어납니다. 갯벌은 생물들이 서식하기도 하지만 많은 양의 물을 흡수할 수 있어서 홍수가 났을 때도 물이 범람하는 것을 막아 줍니다. 오염 물질이 흘러들어 오면 천천히 퇴적을 시키면

갯벌을 따라 물줄기가 흘러내려 가는 물길인 갯골

서 거르고 미생물이 흡수하거나 분해합니다. '바다의 콩팥'이라 불리지요. 그래서 갯벌이 많은 서해안은 바닷물이 썩는 적조 현상이 거의 없습니다. 하지만 최근에는 계속되는 개발로 갯벌의 면적도 조금씩 사라지고 있습니다. 갯벌이 점점 사라진다면 결국 갯벌 생물들이 사라지고 생태계 균형도 깨지게 될 것입니다. 갯벌을 지키기 위해 우리는 어떻게 해야 할까요? 할 수 있는 일들을 찾아보세요.

간척 사업으로 사라져 가는 바다

8장

맛있는 음식만 있는 게 아니야

광주 / 전라남도

광주

너덜너덜 광주 무등산 너덜겅 바윗돌

- 지구쌤, 오늘 가기로 한 산은 어딘가요?
- 광주에 있는 무등산에 가려고 한단다.
- 우리 할아버지가 무등산을 명산이라고 했어요.
- 맞아, 무등산은 등산하기도 좋고, 볼거리도 많은 명산이지.
- 신발끈도 꽉 묶었어요!
- 자, 출발해 볼까?

무등산

2013년에 국립공원으로 지정된 무등산은 광주광역시, 전라남도 화순과 담양에 걸쳐 있습니다. 탐방지원센터가 있는 수만리는 화순에 속해 있습니다. 수만리 탐방지원센터에서 시작하는 코스는 가장 짧은 최단 코스입니다. 하지만 다른 코스에 비해 사람들이 많이 이용하지 않다 보니 화장실 외 다른 시설은 없습니다. 장불재까지 길이 많이 가파르지만 돌계단으로 정비가 잘 되어 있습니다.

수만리 탐방지원센터 입구

지공너덜(출처: 한국관광콘텐츠랩)

무등산과 너덜경

　무등산은 백악기 화산 활동에 의해 만들어졌는데, 완만한 주상절리들이 특히 발달하여 빼어난 지형 경관을 이루고 있습니다. 그중에서도 너덜경이 유명합니다. 너덜경이란 주상절리가 시간이 지나면서 풍화되어 쪼개져 돌이 많이 흩어져 있는 지대로 너덜지대라고 합니다. 대표적으로 무등산 너덜에는 덕산너덜, 원효너덜, 지공너덜이 있습니다. 정상까지 가는 탐방로 곳곳

무등산 국립공원

장불재 입구

🧒 등산하다가 현 위치를 알려 주는 푯말을 본 적 있을 거야. 긴급 상황이 생겼을 때 구조 대원에게 푯말에 적힌 위치를 알려 주면 우리 위치를 쉽게 공유할 수 있단다.

👦 우와! 해발 756m까지 올라왔어요! 생각보다 많이 올라온 것 같아요.

👩 그런 것 같구나! 잠시 쉬었다 갈까?

👧 저기 보세요! 산비탈에 돌들이 많이 있네요. 저게 너덜인가요?

👩 그래. 이런 바위들이 산비탈에 자리를 잡고 있단다. 지금 보는 것은 아주 일부분에 지나지 않은데 갈수록 이런 지대들이 많아지지.

👦 얘들아! 여기 개울이 있어.

👧 발 담그러 갈래!

장불재 가는 길에서 보이는 푯말과 너덜, 개울의 모습

중불재 쉼터

무등산 주상절리대(출처: 한국관광공사)

에서 다양한 너덜을 만날 수 있습니다.

    중불재는 서석대와 중머리재 등을 이어 주는 중심지입니다. 중불재에서 20여 분 올라가면 너덜겅을 볼 수 있습니다. 주상절리가 풍화되면서 넓게 펼쳐진 돌은 빙하기 후 몇천 년의 세월이 지나면서 너덜지대와 너덜겅 지형을 만들어 왔습니다. 여름철이면 경사가 극심하여 산사태를 일으키기도 합니다.

서석대를 올라가면서 볼 수 있는 너덜겅

입석대 　　　　　　　　서석대 　　　　　　　　주상절리

　　너덜겅의 돌들은 모두 각진 돌로 이루어져 있는데 지표에 노출된 거대한 절벽 모양의 바위에 절리가 형성되면 그 사이로 수분이 스며듭니다. 이 수분이 얼어 절리 사이가 점점 벌어집니다. 절리를 경계로 각진 바위들이 만들어지면서 아래로 굴러 떨어지는 바위들이 쌓이는 것입니다.

밀양, 부산, 제주에도 너덜지대가 있대! 또 어디에서 찾을 수 있는지 알아보자!

나주
너른 평야에서 맛있는 쌀이 나온다

- 우리나라에서 쌀이 가장 많이 생산되는 지역이 어디인지 아니?
- 글쎄, 넓은 평야가 있는 전라남도가 아닐까?
- 딩동댕동~ 맞았어.
- 가 본 적이 있어?
- 아니, 텔레비전에서 봤는데, 전라남도에 평야가 정말로 넓더라고.
- 그렇지. 그럼, 오늘은 넓은 평야가 있는 나주 이야기를 해 볼까?

나주 평야 모습

영산강의 모습

영산강

영산강은 금강, 낙동강, 한강, 섬진강과 함께 우리나라 5대 강 중 하나로, 나주평야를 만드는 데 중요한 역할을 했습니다. 나주평야는 영산강 중류에 넓게 펼쳐진 충적지를 중심으로 형성된 평야입니다. 이런 충적 평야는 하천에 의해 운반된 퇴적물이 쌓여서 만들어집니다.

영산강은 밀물 때마다 바닷물이 강 쪽으로 올라갑니다. 밀물과 썰물 때마다 강물의 염분, 속도 등이 달라지지요. 이를 감조 하천이라고 합니다. 밀물 때 올라오는 소금물 때문에 농작물 피해가 컸습니다. 이에 하굿둑을 설치해 피해를 막았으나 가두어 놓았던 강에 수질 문제가 생기고 말았습니다. 이를 해결하기 위해 여러 노력이 이뤄지고 있습니다.

평야는 어떻게 만들어질까

강이 만들 수 있는 퇴적 지형에는 선상지, 범람원, 삼각주 등이 있습니다. 물의 침식, 운반, 퇴적과도 관련이 있습니다.

선상지는 강의 상류 부분에 생기는 퇴적 지형인데, 상류의 계곡을 지나 평평한 곳에 다다랐을 때 유속이 느려지면서 운반해 오던 퇴적물을 쌓아 놓은 곳이 선상지입니다. 모양이 부채꼴 모양이라서 선상지라고 부릅니다. 범람원은 하천의 중하류 쪽에 주로 생기는데, 홍수가 나서 하천의 물이 양옆으로 넘쳐 버립니다. 이때 속도가 낮아지며 운반하던 물질이 쌓이는 부분이 범람원입니다. 그리고 강의 하구에 만들어진 퇴적 지형이 있습니다. 강이 바다나 더 큰 강을 만나 속력이 급격히 감소하면서 운반해 오던 물질들이 쌓이는데, 이 모양이 삼각형이라 삼각주라고 합니다. 이렇게 생긴 범람원과 삼각주는 강의 크기에 따라 매우 커서 넓은 평야를 만들기도 합니다.

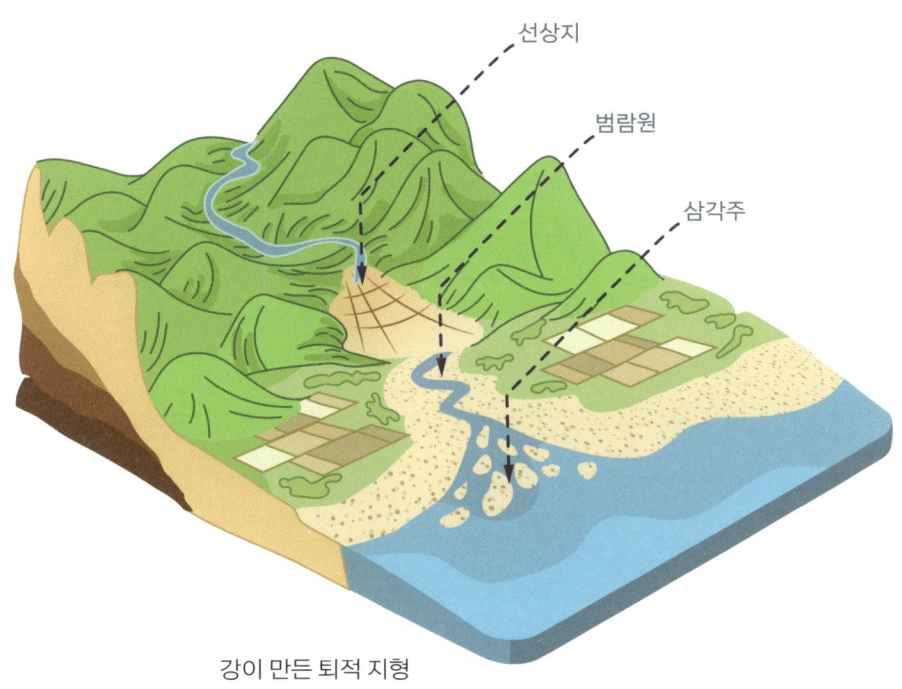

강이 만든 퇴적 지형

느러지전망대

느러지전망대에서 본 한반도 지형

영산강의 강줄기

느러지전망대에서 내려다보면 영산강은 자유 곡류 하천입니다. 지금은 땅줄기 부분을 빙그르르 돌아 나가다가, 나중에는 땅이 침식되어서 점점 얇아지다가 중간이 끊길 것 같아 보입니다. 그렇게 새 물길이 나면, 예전의 물길은 갇혀 호수가 되는데, 그것을 우각호라고 합니다. 호수의 모습이 소의 뿔을 닮았다고 해서 지어진 이름입니다. 강의 침식, 운반, 퇴적 작용만으로도 이렇게 멋진 지형이 만들어집니다.

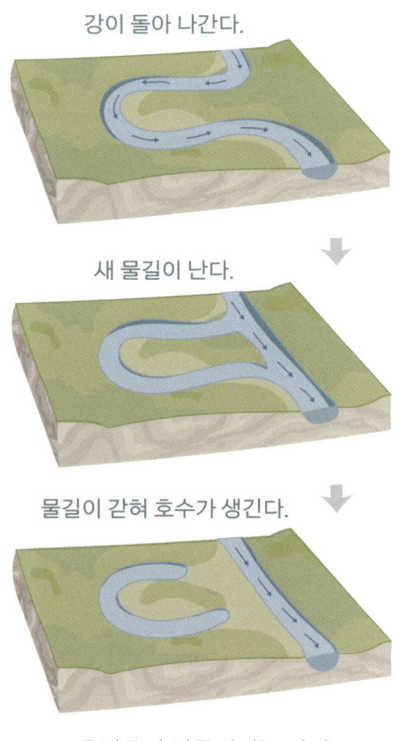
우각호가 만들어지는 과정

진도
세방마을, 우리나라 최고의 노을을 찾아서

🧒 오늘따라 유난히 하늘이 푸르네요? 그런데 지구쌤! 왜 하늘은 파랗죠?

👨 해나가 호기심이 많구나? 오늘 우리가 탐험하는 것과 관련이 있을 것 같은데, 탐험을 하면서 하늘 이야기를 해 보자꾸나.

👦 네! 좋아요. 그런데 어디 가요?

👨 오늘은 기상청에서 발표한 우리나라에서 가장 아름다운 낙조로 선정된 진도 세방마을에 가 보려고 한단다.

👧 지구쌤! 세방마을은 어떤 곳인가요?

👨 세방마을은 진도군에서 낙조 관광지로 조성한 마을이야. 이곳 낙조 전망대에 가면 다도해 해상국립공원이 한눈에 들어온단다. 특히 세방낙조가 유명한 까닭은 노을이 다도해 섬을 비추는 모습이 장관을 이루기 때문이지.

🧒 저는 낙조라고 하면 다 비슷하다고 생각했어요. 너무 기대되는데요?

👨 여기가 바로 세방낙조 전망대란다.

👧 와. 바다에 섬들이 많이 떠 있네요?

세방낙조 전망대

전망대에서 바라본 다도해

 다도해 해상국립공원에 속한 섬만 400여 개란다. 정말 많고 넓지. 아직 해가 지려면 시간이 조금 남았으니 하늘이 왜 파란지 이야기해 줄게.

하늘은 왜 파랗지?

하늘이 파란 이유를 알기 위해서는 빛의 산란에 대해서 알아야 합니다.(194쪽 참고) 빛의 산란은 빛이 공기 중의 질소나 산소, 먼지 등과 부딪혀 사방으로 퍼지는 것을 말합니다. 태양 빛 중에서도 사람의 눈이 볼 수 있는 빛을 가시광선이라고 하는데, 붉은색 계열의 가시광선은 파장이 길고 푸른색 계열의 가시광선은 짧습니다. 보통 낮에는 하늘이 파란색을 띠는데 그 이유는 태양 빛이 짧은 파장인 보라색과 파란색 빛들을 많이 산란하기 때문입니다. 그런데 사람의 눈이 보라색에는 둔감해서 파란색 하늘을 보게 되는 것입니다.

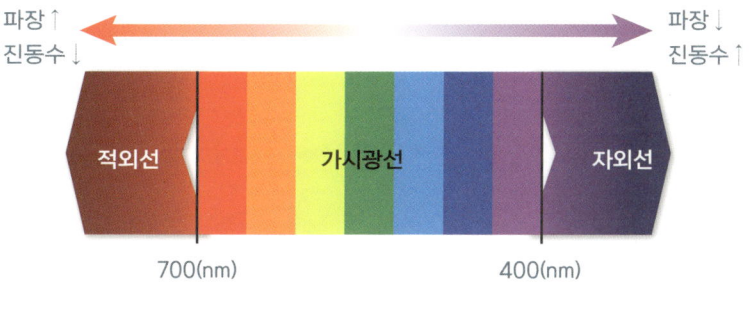

빛의 종류와 파장

저녁 노을이 붉은 이유

낮에는 파란색 빛들이 많이 산란되지만 저녁에는 붉은색 빛들이 산란하기 때문에 노을이 붉게 보입니다. 해가 지고 뜨는 시각에는 태양 빛이 지구에 닿는 거리가 낮보다 훨씬 길어집니다. 이렇게 빛의 거리가 길어지면 파란색 빛은 대기층을 지나는 도중에 산란을 일으켜 사라져 버립니다. 반면 파란색 빛보다 비교적 긴 파장의 붉은색 빛이 대기층을 통과해 산란을 일으키기 때문에 붉은 노을을 볼 수 있게 되는 것입니다.

세방낙조

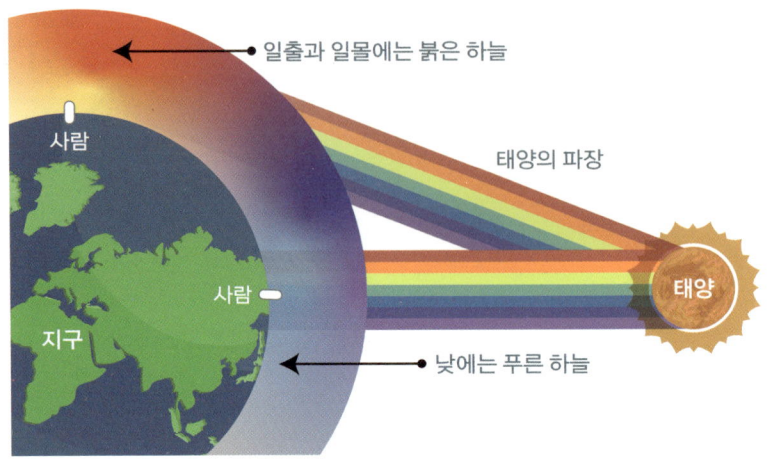

태양의 파장

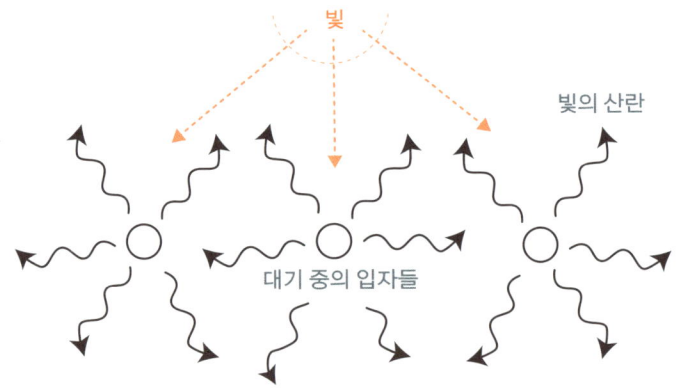

공기 중 빛의 산란

우리나라는 다도의 나라

홍도

🧒 우리나라 섬 하면 어디가 생각나니?

👧 섬 하면 제주도 아닌가요?

🧑 사람들이 잘 알고 있는 제주도나 울릉도도 있지만 우리나라에는 훨씬 많은 섬들이 있단다. 우리나라 섬이 몇 개나 될 것 같니?

🧒 음… 1,000개? 2,000개요?

🧑 우리가 생각하는 것보다 섬이 많은 다도의 나라란다. 섬이 3,000개 이상 있지.

👧 네? 그렇게나 많이요?

🧑 그래. 우리나라에는 사람들이 살지 않는 무인도가 약 2,900여 개, 사람이 살고 있는 섬이 약 460여 개가 있단다. 특히 신안군 홍도에서 여수시 돌산면에 이르기까지 섬이 약 400여 개가 있는데 이를 다도해 해상국립공원으로 지정했지.

🧒 섬이 국립공원이라구요? 국립공원으로 지정할 만큼 섬이 중요한가 봐요!

섬의 날

섬을 보존하는 것은 곧 우리의 생물과 문화를 보전하는 것과 같습니다. 그래서 우리나라는 8월 8일을 섬의 날로 지정을 했는데, 다른 나라에는 없

다도해 해상국립공원

홍도 천연보호구역 비석

는 기념일이라 큰 의미가 있습니다.

다도해 해상국립공원 속 홍도

홍도는 전라남도 신안군 흑산면에 속한 섬으로 목포항으로부터 서남쪽으로 115km 정도 떨어져 있습니다. 현재 홍도를 오갈 수 있는 유일한 교통수단은 쾌속 여객선입니다. 특히 홍도는 자연 그대로의 숲을 볼 수 있을 뿐

전망대에서 바라본 홍도분교

몽돌해변

아니라 보호해야 할 새들이 많이 살고 있습니다. 또한 홍도는 지질 구조가 다양하기 때문에 섬 전체를 천연보호구역으로 지정해 보호하고 있습니다.

🧑 홍도는 1구 마을과 2구 마을이 있는데 우리가 있는 곳은 1구 마을이란다. 2구 마을로 가려면 산을 넘어가야 하지.

👧 저것 봐요. 트럭 같은 오토바이가 다녀요!

🧑 홍도는 길이 좁고 가파르기 때문에 마을 사람들이 짐을 옮기거나 할 때는 오토바이를 개조한 미니트럭을 운행한단다. 자! 여기가 흑산초등학교 홍도분교야. 분교 옆으로 나있는 전망대에서 홍도를 살펴보자꾸나.

👩 홍도가 한눈에 보이네요. 바닷바람도 시원하구요.

🧑 자! 이제 다시 내려가 볼까?

👦 벌써요?

🧑 곧 유람선이 올 거야. 유람선을 타면 홍도의 다양한 지질 경관들을 볼 수 있지.

👧 유람선요? 재밌겠다. 어서 내려가요.

미니트럭

홍도의 좁은 길

갓 잡은 활어회를 즐길 수 있는 홍도 유람선 관광 투어

홍도 등대 　　　　　　　　　　　　홍도 2구 마을

홍도 연안여객선터미널 　　　　　　홍도 연안여객선터미널 앞 바다

홍도의 지질

홍도의 지질은 선캄브리아대의 퇴적암인 사암과 변성암인 규암으로 구성되어 있습니다. 책을 쌓아 올린 듯한 형태의 층리 구조와 습곡 구조가 도드라지게 나타납니다. 지금도 홍도는 파도에 의해 끊임없이 침식 작용이 일어나고 있습니다.

층리 구조

침식되는 곳을 쉽게 알아볼 수 있어요!

침식되고 있는 바위

도승바위

홍도 제1경 남문바위

홍도 제2경 심금리굴

홍도 제4경 공작새바위

다양한 단층이 보이는 바위기둥과 기암괴석

바위들 사이에서 자라는 노송들(늙은 소나무)

9장

이렇게 예쁜지 몰랐네

제주특별자치도 / 울릉도 / 독도

제주특별자치도

오름이 뭐수깡?
산이 뭐수깡?

- 제주도는 섬 같지가 않아요.
- 왜 그렇게 생각하니?
- 섬 하면 작을 것 같은데, 제주도는 엄청 크잖아요.
- 저도 가끔씩 제주도가 섬이라는 걸 깜빡해요.
- 그럼, 오늘은 제주도에 대해서 자세하게 알아볼까?
- 누구나 좋아하는 제주도이지만 모르는 점도 많은 것 같아요.
- 그렇지, 그럼 제주도 탐험을 떠나 볼까?

제주공항 근처 풍경

풍경이 색다른 제주도

세계중요농업유산으로 지정되었어요.

제주 밭돌담

제주도는 우리나라 서남해 쪽에 있는 가장 큰 화산섬입니다. 제주도를 포함해 9개의 유인도인 우도, 상추자도, 하추자도, 비양도, 횡간도, 추포도, 가파도, 마라도가 있으며, 그 외 55개의 무인도로 이루어져 있습니다. 제주도는 우리나라에서도 남쪽에 있어 비교적 날씨가 따뜻한 탓에 식생이 다른 지역과는 조금 다릅니다. 귤을 비롯한 난대성 식물이 자랍니다. 목축업, 농업, 임업, 수산업, 관광 사업이 발달했으며, 명승지로 백록담, 삼성혈, 용두암, 만장굴, 천지연폭포 등이 있습니다.

제주도 풍경은 신기해요. 밭에다 돌을 쌓아서 울타리를 만들었네요.

섬인데도 한라산처럼 큰 산도 있고, 작은 산도 많네요.

낮은 산을 말하는구나? 그건 산이 아니라 오름이야.

지구쌤, 어떤 사람은 제주도에 산이 5개 있다고 하고, 어떤 사람은 55개가 있다고 하는데, 왜 그런 거예요?

분류 기준이 달라서 그렇지. 사실 55개라고 주장하는 것은 산림청의 발표 때문이야. 산림청에서는 이름에 '산', '봉'이 들어가거나 비고(순수 오름 높이)가 200m 이상을 다 '산'이라고 이야기하지. 그런데 제주도 민속 신앙에서는 산을 5개라고 이야기하고 있거든.

덩개해안의 여러 바위 모습

보이지 않는 두럭산

제주도 민속 신앙에 따르면 제주도에 산이 5개 있다고 합니다. 한라산, 성산일출봉(청산), 산방산, 단산, 두럭산입니다. 5개 중에서 두럭산은 바닷속에 있어서 보이지 않아요. 두럭산은 실제로는 바다에 있는 암초예요. 용암이 바닷물과 만나면서 굳어진 암석입니다.

제주도 사람들은 두럭산을 신성시해서 근처에서는 해녀들이 물질도 하지 않는다고 합니다. 두럭산이 있는 앞바다를 덩개해안이라고 부르는데, '덩'은 바위, '개'는 바다를 뜻해요. 즉 덩개해안은 바위가 있는 바다라는 뜻입니다. 용암이 바다를 만나 생긴 신기한 지형등을 볼 수 있는 곳입니다.

오름은 무엇일까?

오름은 제주도에만 있습니다. 오름은 제주도에 있는 작은 화산체를 말합니다. 분화구를 갖고 있으면서 화산 분출물로 만들어진 독립된 화산체 또는 기생 화산체를 뜻하는 순우리말입니다. 오름은 '오르다'에서 나온 말로 추측하며, 사실 쉽게 오를 수 있는 작은 동산이라고 할 수 있습니다.

제주도는 화산 폭발로 만들어진 화산섬입니다. 화산 폭발은 신생대 3기~신생대 4기에 걸쳐서 오랜 시간 동안 일어났습니다. 한 번의 화산 폭발이 아니라 많은 폭발이 있었는데, 화산 폭발이 주로 일어난 곳이 한라산이었습니다. 화산 폭발로 인해 한라산이 점점 높아지고, 백록담이 만들어졌습니다. 그 주변에서도 마그마가 지표면의 약한 곳을 뚫고 분출했습니다. 한라산 주변에서 일어난 화산 분출로 만들어진 것이 기생 화산입니다.

칼데라호와 산정화구호

금오름은 분화구에 호수가 있습니다. 이런 호수를 산정화구호라고 부릅

금오름 정상에 있는 산정화구호 왕매

니다. 산 정상에 있는 화산 활동으로 생긴 분화구에 있는 호수라는 뜻입니다. 금오름 분화구에 있는 호수의 이름은 '왕매'로 작은 백록담이라고 불립니다.

　　백두산에 있는 천지는 칼데라호라고 합니다. 분화구에 그냥 물이 고여 있으면 산정화구호라고 부르고, 분화구 주변이 함몰되고 무너져 내려 만들어진 칼데라분지에 물이 고여 있으면 칼데라호라고 부릅니다. 백두산 천지는 칼데라호고, 주변이 무너져 내렸기 때문에 그 크기도 백록담보다 훨씬 큽니다.

백두산 천지

칼데라호의 지름이 3~4km나 된대요!

제주특별자치도
수월봉 지질트레일 뜨거웠던 그때를 기억하며

> 🧒 제주도의 푸른 공기, 따뜻한 음식, 싱그러운 풀 냄새, 말들의 울음소리…. 너무 설레게 해요.
>
> 🧒 맞아요. 너무 좋아요.
>
> 🧒 다음에 갈 곳도 좋을 거야.
>
> 🧒 어딘가요? 얼른 가고 싶어요.
>
> 🧒 우리가 갈 곳은 수월봉 지질트레일이란다.
>
> 🧒 지질트레일이라고요? 지난번에 갔던 경주 지질공원과 비슷한 것인가요?
>
> 🧒 맞아, 우리 지난번에 경주에서 주상절리에 대해서 배웠었지. 그때 간 곳은 국가지질공원이었고, 오늘은 한탄강, 청송과 같은 세계지질공원이야. 제주도 전체가 유네스코에서 인정한 세계지질공원이란다.
>
> 🧒 역시! 제주도는 제주도네요.

수월봉 지질트레일

지질트레일은 다양한 지질 자원을 탐구하며 걷는 도보 여행 프로그램입니다. 단순히 지질 자원만 관찰하고 탐방하는 것이 아니라 함께 걸으며 그

속에 있는 문화나 예술, 역사까지 알아보는 여행을 말합니다. 특히 수월봉 지질트레일은 '화산학 교과서'로 불리는 코스입니다. 그만큼 볼거리, 배울 거리, 느낄 거리가 많습니다. 수월봉 엉알길, 당산봉 트레일, 차귀도 세 개의 코스로 나눠져 있습니다.

수월봉 지질트레일

　수월봉 지질트레일은 녹고의 눈물-갱도 진지-화산재 지층과 화산탄-수월봉 정상-엉알과 화산재지층-검은 모래 해변으로 이어지는 코스입니다. 수월봉 지질트레일에는 켜켜이 쌓인 지층이 쭉 펼쳐져 있습니다. 절벽을 따라 걷다 보면 녹고의 눈물을 볼 수 있습니다. 녹고의 눈물은 절벽에서 흘러나오는 물방울을 말합니다. 물이 계속 흐르다 보니 녹고의 눈물에는 이끼가 많이 껴 있습니다.

녹고의 눈물

녹고의 눈물 전설

옛날 옛적에 수월이와 녹고 남매는 병든 어머니를 낫게 할 100가지 약초를 구하러 여기저기 다녔습니다. 마지막 약초인 오갈피를 구하기 위해 수월봉의 절벽을 오르던 수월이가 그만 떨어져 죽고 말았습니다. 동생인 녹고는 누나의 죽음을 슬퍼하며 한없이 눈물을 흘리다가 바위가 되었습니다. 이후 절벽에서 흐르는 물을 '녹고의 눈물'이라고 부르게 되었습니다.

녹고의 눈물은 바로 용천수

녹고의 눈물은 절벽의 화산재층을 통과한 빗물이 그 아래 진흙으로 된 촘촘한 불투성(물이 잘 스며들지 못하는) 지층을 통과하지 못하고 흘러나오는 것입니다. 빗물이 지하수로 스며든 후 흐르다가 암석이나 지층의 틈새를 통해 솟아나오는 물을 용천수라고 합니다. 특히 제주도에 해안가를 따라 용천수가 많이 나오는데, 마을도 용천수 주위에 만들어졌습니다.

용천수와 바닷물이 만나는 논짓물

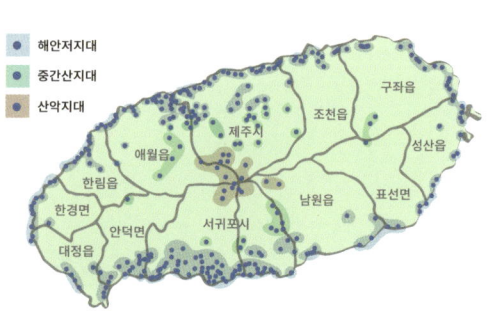

용천수가 나오는 곳

209

수월봉의 분화구는 바다에

수월봉은 수성 화산의 일부입니다. 수성 화산은 바닷속에서 뜨거운 마그마가 분출될 때 차가운 바닷물을 만나 폭발하듯이 일어난 화산 활동을 말합니다. 기름을 두른 솥에 물을 부으면 기름이 폭발하듯이 튀는 것처럼 아주 격렬한 화산 활동입니다. 따라서 수월봉에서는 화산재 지층에 다양한 크기의 화산탄들이 박혀 있는 것을 볼 수 있습니다.

수월봉 분화구

탄낭을 찾아보자

지층을 살펴보면 동그란 것이 쑥 박혀 있습니다. 이것이 바로 화산탄입니다. 화산이 분출할 때 분화구에서 대포처럼 날아와서 지층에 박힌 것입니다. 이 화산탄에 의해 지층이 휘어진 것을 탄낭이라고 합니다.

태평양 전쟁 당시에 일본군이 탄약과 보트를 보관했던 일본 갱도가 있어요.

탄낭

응회환과 응회구는 화산 분출이 일어난 분화구 주변에 화산재가 쌓여서 만들어진 지형이야. 낮은 높이의 넓은 고리 모양으로 생긴 지형을 응회환이라고 하고, 응회환보다 높고 좁은 지형을 응회구라고 한단다.

응회환의 일부인 수월봉

수월봉에서 바라본 고산기상대

수월봉 지질트레일 코스

● **수월봉 지질트레일 해변의 지형과 바위**

부서지고 갈라지고 있는 퇴적물

사층리

제주도는 왜 검은 모래 해변이 많을까?

흔히 해수욕장을 말할 때 '백사장'이라는 표현을 많이 쓰지만, 제주도의 해변은 검은 모래가 많습니다. 바로 현무암 때문입니다. 제주도 현무암은 용암이 빠르게 식어서 생깁니다. 표면에 기공이 많고 단단한 암석이지요. 이 현무암들이 풍화 작용으로 잘게 부서져 검은 모래 해변을 만든 것입니다. 큰 바위들도 시간이 지나면 모래로 바뀔 것입니다.

울릉도

좋은 기운이 가득한 나리분지에서 캠핑을

- 드디어 울릉도를 가게 됐네!
- 맞아. 정말 가고 싶은 곳이었어.
- 날씨가 맑으면 좋겠다!
- 옛날에는 울릉도에 갔다가 태풍이 불거나 날씨가 나빠져서 못 나오는 경우가 많았대.
- 걱정하지 않아도 돼. 요즘에는 차도 실을 수 있는 크루즈선이 있어서 강한 태풍이 부는 날이 아니면 매일 다닌단다.

울릉도로 들어가는 크루즈선

크루즈선에서 바라본 울릉도의 전경

울릉도

울릉도는 동해에 위치하고 있지만 화산섬이어서 드넓은 모래사장이 많지 않습니다. 돌 틈 사이에서 물고기나 게, 고동을 잡을 수 있고, 수영할 수 있는 작은 해수욕장은 있습니다. 울릉도는 화산섬이기 때문에 제주도처럼 기암괴석도 많이 있습니다. 특히 울릉도의 나리분지는 대표적인 칼데라 지형입니다.

나리분지와 알봉

꼬불꼬불하고 산이 많은 곳이 울릉도인데, 울릉도에서 유일한 평지가 바로 나리분지(나리칼데라)입니다. 그래서 옛날부터 많은 사람들이 마을을 이루고 살았습니다. 울릉도를 만든 분화구가 나리분지입니다. 용암이 분출

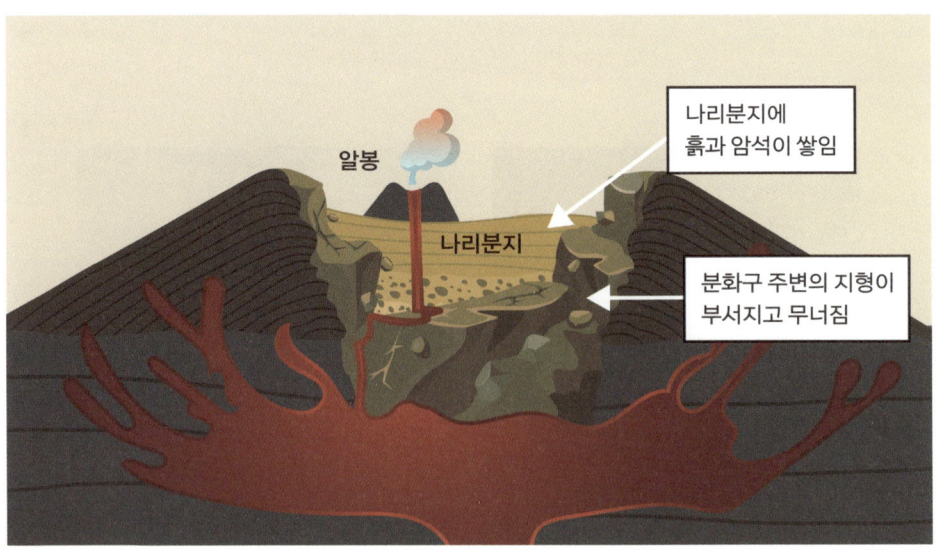

나리분지와 알봉

할 때만 해도 넓지는 않았으나 주변이 깨지고 무너지면서 분화구가 크게 넓어집니다. 이것을 칼데라라고 부릅니다. 칼데라 안쪽에서 보면 아직 무너지지 않은 곳이 칼데라를 감싸고 있는데, 이렇게 산으로 둘러싸여 있는 평지를 분지라고 합니다. 이렇게 분화가 일어난 지 한참이 지난 후에 작은 규모로

울릉도에 가면 옛날 주거 문화를 볼 수 있어요. '울릉도 화산섬 밭농업 시스템'이 국가중요농업유산으로 등재되어 있대요.

울릉 나리 너와 투막집

울릉 나리 억새 투막집

전망대에서 바라본 나리분지 모습

국가중요농업유산 설명판

용암이 분출했는데, 이 화산 활동으로 생긴 것이 알봉입니다. 이렇게 분화구 안에 또 다른 분화구가 생긴 것을 이중 분화구라고 합니다.

울릉도에서 떨어져 나간 암석들

코끼리바위나 삼선암, 관음도가 예전에는 울릉도와 연결되어 있다가 떨어져 나갔습니다. 이처럼 떨어져 나간 암석을 '시스택'이라고 합니다. 그중에서 관음도는 울릉도와 다리로 연결되어 있어서 걸어갈 수 있습니다.

죽도도 시스택에 속합니다. 대섬이라고도 부릅니다. 죽도는 울릉도에 속한 섬 중에 가장 큰 섬입니다. 사람이 살고 있긴 하지만 현재 1명만이 남았다고 해요.

송곳봉과 코끼리바위

삼선암

관음도

바위를 보존하기 위해 부수지 않고 길을 내는 모습

버섯바위

버섯바위가 생긴 이유는 바로 차별 침식 때문입니다. 버섯바위는 용암으로 만들어진 미세한 화산 쇄설물 알갱이가 퇴적이 된 암석입니다. 크고 작은 알갱이들이 층층이 쌓여 있습니다. 오랜 시간 동안 공기 중에 노출이 되면 크고 강한 층보다 작고 약한 층들이 더 빨리 깎여서 안쪽으로 파입니다. 강한 층은 비교적 덜 깎여 밖으로 튀어나와 있는 모습이지요. 이를 차별 침식이라고 합니다. 영지버섯처럼 생긴 바위가 버섯바위입니다.

영지버섯

울퉁불퉁한 굴곡을 가진 버섯바위

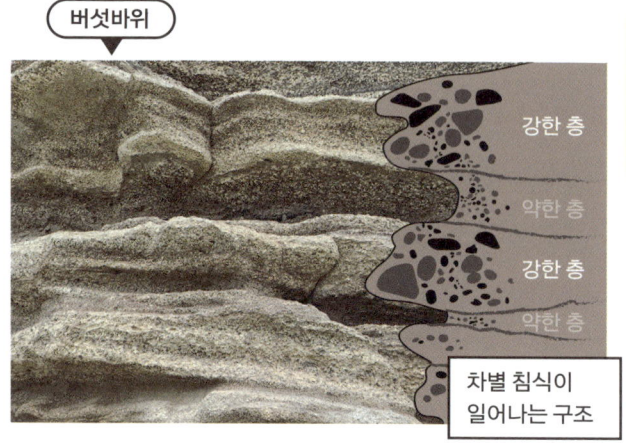

붉은 황토굴

황토굴은 파도에 의해 생긴 해식 동굴입니다. 그런데 천장 쪽의 색과 벽면의 색이 서로 다릅니다. 동굴 천장은 조면암이고, 주황색으로 보이는 부분은 붉은 응회암입니다. 이렇게 붉은색을 띠는 이유는 응회암이 변질되는 과정에서 철이 빠져나와 만들어진 산화철 때문에 응회암이 붉은 색으로 물든 것입니다. 일반적인 황토와는 달라서 조선 시대에는 울릉도를 다녀왔다는

황토굴

해식 동굴인 황토굴

황토굴에서 볼 수 있는 단층

조면암과 응회암(적색층)의 부정합

증거로 황토를 제출했다고 합니다.

　주황색의 응회암과 회색의 조면암은 서로 붙어 있어서 더욱 대비됩니다. 이렇게 두 개의 암석층 사이에 긴 시간 차이가 나는 것을 부정합이라고 합니다. 서서히 물들어가거나 같은 시대에 만들어진 게 아니고 딱 끊겨 있지요. 응회암의 경계가 오랜 시간 동안 침식되고 그 위에 조면암이 만들어졌기 때문에 긴 시간차가 존재하는 것입니다.

● 저동 해안산책로에 있는 바위들

암맥

촛대바위

풍화로 만들어진 구멍

독도

독도를 눈에 담기 위해 부지런히 눈을 깜빡이다

- 드디어 우리 땅 지리 대탐험이 독도까지 왔구나.
- 맞아요, 전보다 우리 땅을 잘 알게 됐어요.
- 독도까지 오다니 감격이에요.
- 독도에는 삼대가 덕을 쌓아야 갈 수 있다는 얘기가 있어요.
- 그게 무슨 소리야?
- 독도에 가려면 날씨 운이 따라 줘야 하거든!
- 그렇지. 독도에 가는 배는 주로 쾌속선을 이용하는데, 쾌속선은 날씨의 영향을 많이 받기 때문에 매일 독도에 갈 수 있는 것이 아니란다. 그래서 독도에 가려면 하루에도 몇 번씩 기상 정보를 확인해야 하지.

독도행 배

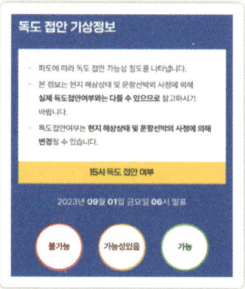
독도 승선 알리미 애플리케이션

독도는 두 개의 섬

독도는 동도와 서도로 되어 있는데, 선착장이 있는 곳이 동도입니다. 독도 경비대들도 동도에서 머뭅니다. 독도는 해수면 위쪽으로만 보면 작은 섬 같아 보이지만, 바다 밑으로는 수심 2,000m나 되는 깊은 바다에서 솟은 아주 큰 섬입니다. 화산 활동에 의해서 만들어졌고, 독도 주변에 중요한 자원들도 많이 있습니다. 그런데 독도는 바다 한가운데에 있고 수면 위로 드러나 있는 부분이 작아서 지질학적으로 안정적이진 않습니다. 파도에 의해 침식도 활발히 일어나고 있지요. 원래 동도와 서도는 하나의 섬이었는데, 침식 작용에 의해서 약 250만 년 전에 두 개의 섬으로 분리되었습니다.

우리나라의 대표적인 섬 울릉도, 독도, 제주도 중에서 어떤 섬이 제일 클까요? 육지 부분만 보면 제주도, 울릉도, 독도 순으로 제주도가 가장 큰 섬입니다. 하지만 먼저 생긴 순서는 반대로 독도가 첫 번째, 그 다음이 울릉도, 제주도 순입니다.

독도 동도

독도 서도

🙋‍♀️ 독도는 정말 너무 아름다워요. 저 위까지 가고 싶은데, 고작 몇 발자국만 들어갈 수 있네요.

🙋‍♂️ 독도라는 소중한 자원을 지키기 위해서야. 우리나라 국민들이 모두 가고 싶어 하는 곳인 독도는 원래 사람이 살기 힘든 땅이야. 많은 사람들을 관광객으로 받으려면 화장실을 비롯해 수도 시설이나 건물, 도로와 안전시설 등이 있어야 하는데, 그렇게 되면 독도의 모습을 그대로 보존하는 게 어렵겠지? 그렇기 때문에 독도를 제한적으로만 보여 줄 수 밖에 없어. 물론 독도의 아름다움과 소중함은 충분히 느낄 수 있지. 우리도 독도에 발자취를 남기겠다는 생각보다는 독도를 눈에 더 많이 담을 수 있도록 하자구.

독도의 바다와 하늘

독도의 돌

독도는 돌로 된 섬이라는 뜻이에요!

독도 서도의 촛대바위(장군바위)   독도 서도의 삼형제굴바위   독도 동도의 숫돌바위

울릉군 독도명예주민증

독도에 입도한 기념으로 발급해 줍니다. 독도를 선회한 관광객들에게도 발급해 줍니다. 경상북도교육청에서 운영하는 사이버독도학교는 경상북도에 있는 학생들뿐만 아니라, 우리나라 학생들이라면 모두 공부할 수 있도록 되어 있습니다. 내용이 알차고 체계적으로 되어 있어 독도에 대해 속속들이 알 수 있습니다.

울릉군 독도명예주민증   경상북도교육청 사이버독도학교

사진으로 찾아보기

한탄강 비둘기낭 폭포
▶ 28쪽

포천 아우라지 베개용암
▶ 33쪽

은대리 판상절리
▶ 36쪽

부안 대월 습곡
▶ 38쪽

태백 구문소
▶ 43쪽

선암마을 한반도 지형
▶ 47쪽

소돌마을 아들바위
▶ 52쪽

능파대 타포니 지형
▶ 59쪽

고수동굴 천년의 사랑
▶ 75쪽

경주 양남 주상절리
▶ 126쪽

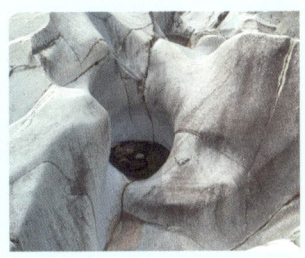
청송 백석탄 포트홀
▶ 132쪽

고성 공룡 발자국
▶ 151쪽

거제 몽돌해변
▶ 158쪽

고창 운곡습지
▶ 168쪽

채석강 해식 동굴
▶ 177쪽

제주도 금오름 산정화구호 왕매
▶ 205쪽

수월봉 탄낭
▶ 211쪽

독도 촛대바위
▶ 225쪽

도움받은 책

《쉽게 배우는 기상학》, 채동현 외 지음, 교육과학사, 2017년
《대기환경과학》, 민기홍 외 옮김, 북스힐, 2021년

도움받은 사이트

DMZ박물관 www.dmzmuseum.com/museum
강릉시청 www.gn.go.kr
강원고성군청 www.gwgs.go.kr
경상북도교육청사이버독도학교 dokdoschool.gyo6.net
경상북도청 gb.go.kr
고창군청 www.gochang.go.kr
공항철도블로그 m.blog.naver.com/arex_blog
광주광역시청 www.gwangju.go.kr
구글 위키백과 ko.wikipedia.org/wiki
구글어스 www.google.co.kr
국가지질공원 www.koreageoparks.kr
국립문화재연구원 www.nrich.go.kr
국립해양조사원 www.khoa.go.kr
군산시 문화관광 www.gunsan.go.kr/tour/m2520
기상청날씨누리 www.weather.go.kr/w/index.do
나주시청 www.naju.go.kr
네이버 지도 map.naver.com
네이버 지식백과 terms.naver.com
네이버날씨 weather.naver.com
대전 지질박물관 www.kigam.re.kr/museum
대한민국 구석구석 korean.visitkorea.or.kr
디지털부안문화대전 www.grandculture.net/buan
무등산국립공원 www.knps.or.kr/front/portal/visit/visitCourseMain.do?parkId=122000&menuNo=7020090
문화재청 www.cha.go.kr
미국 항공 우주국(NASA) www.nasa.gov
밀양시청 www.miryang.go.kr
변산반도국립공원 www.knps.or.kr/front/portal/visit/visitCourseMain.do?parkId=121800&menuNo=7020091

부안군청 www.buan.go.kr
산속여행자블로그 m.blog.naver.com/hyun76lee
소돌해수욕장 sodolbeach.co.kr
수도권기상청 http://www.kma.go.kr
신안군청 www.shinan.go.kr
아산시청 www.asan.go.kr
연천군청 www.yeoncheon.go.kr
영월군청 www.yw.go.kr
옥천군청 www.oc.go.kr
온양관광호텔 onyanghotel.co.kr
울릉군청 및 울릉알리미앱 www.ulleung.go.kr
웅도어촌체험마을 www.웅도어촌체험마을.kr
유네스코 세계지질공원 map.unesco.or.kr/globalgeoparks
제주도지질공원 www.jeju.go.kr/geopark/index.htm
제주특별자치도 www.jeju.go.kr
진도군청 www.jindo.go.kr
진안군청 www.jinan.go.kr
천문우주지식정보사이트 astro.kasi.re.kr/index
충북나들이 tour.chungbuk.go.kr
태백고생대자연사박물관 tour.taebaek.go.kr/tpmuseum
태백시청 www.taebaek.go.kr
평창군청 www.pc.go.kr
포천시청 www.pocheon.go.kr
픽사베이 pixabay.com/ko
한국관광공사 knto.or.kr
한국천문연구원 www.kasi.re.kr
한탄강세계지질공원센터 www.hantangeopark.kr

찾아보기

ㄱ

가로림만 95~97
가스 튜브 31
간절곶 142~145
갯벌 95, 97, 98, 100, 166, 178~180
검룡소 15~17, 19
경동 지형 123
계곡 120, 153, 154, 189
고수동굴 41, 73~77
곡류 하천 43, 47, 48, 190
곶 96
관입암체 174, 175
광물 81, 82, 84
광산 79, 80, 82
광학망원경 136, 137
구문소 41, 43~45
규장암 60
기공 31, 214
기상대 20, 22~25
기암괴석 54, 57, 174, 200, 216

ㄴ

나리분지 215~217
나무 화석 113
나주평야 188
낙동강 14, 44, 118, 188
난대성 203
너덜겅 103, 182, 185, 186

ㄷ

너덜지대 155, 183, 185, 186
노두 101
능파대 53, 54, 59

ㄷ

다도해 191, 192, 195, 196
단층 35, 175, 176, 200, 221
독도 42, 142, 143, 222~225

ㄹ

람사르습지 166, 167, 171

ㅁ

마그마 60, 70, 71, 114, 122, 160, 174, 205
마이산 42, 53, 54, 162~165
맨틀 71, 72
몽돌해변 157~160, 196
무등산 182, 183, 185
문경새재 117~120
밀물 98, 149, 173, 188

ㅂ

발자국 화석 42, 112, 147, 149, 150
백록담 203, 205, 206
백석탄 130~134
백운석 80, 82
백의리층 35, 36
버섯바위 219, 220

범람원 188, 189
베개용암 32, 33, 36
보현산천문대 136, 137, 139, 140
부소담악 85~88
부채바위 60, 61

ㅅ

산정화구호 205, 206
삼각주 188, 189
상족암군립공원 147, 149
석순 74~76, 78
석주 76
석회 동굴 74, 76, 79
석회암 15, 18, 49, 50, 74~76, 101
선상지 188, 189
성류굴 74
수각류 150
습곡 구조 37, 38, 199
시상화석 115
썰물 98, 149, 173, 174, 188

ㅇ

아들바위 51, 52, 59
아우라지 16, 17, 32, 33, 48
안산암 155, 156, 160
알봉 216, 218
얼음골 152~156
역고드름 165
영산강 48, 188, 190
오름 202~204, 205
온양온천 90~94

왜목마을 107~110
용각류 150
용암 동굴 73, 74, 79
용천수 209
우각호 190
운곡습지 166~172
운여해변 102~104
울릉도 42, 195, 215~218, 220, 223
울산바위 55, 57~59
웅도 95, 96, 98~101
육백마지기 62~64
은하수 102~106, 139, 172
응회구 212
응회환 212
이상 기후 152, 153
인력 96~99
일주 운동 65, 66

ㅈ

자전축 143, 144
조각류 150
조석 98, 178
조수 웅덩이 176, 177
종유석 74~76, 78
좌상바위 34
주상절리 27, 29~33, 36, 124~129, 183, 185, 186, 207
지각 18, 41, 52, 70~72, 114, 121, 164, 176
지구 온난화 152, 153
지진 23, 24, 72, 115, 174
지질트레일 207, 208, 213

지하자원 79~81

ㅊ
차별 침식 176, 219, 220
채석강 38, 42, 173~177
천연기념물 27, 38, 74, 113, 124, 149, 153
천연자원 160
층리 구조 199
침식 27, 28, 30, 47, 49, 53, 76, 96, 122, 123, 125, 149, 159, 175, 176, 188, 190, 199, 218, 219, 221, 223

ㅋ
카르스트 48, 49
칼데라호 205, 206

ㅌ
타포니 42, 53, 54, 59, 125, 164, 165
탄낭 211
태백산맥 18, 121, 123
태양 65, 70, 97, 99, 104, 109, 110, 143~146, 154, 192~194
퇴적암 37, 82, 114, 125, 130, 133, 164, 174, 175, 199

ㅍ
파식대 149, 175
판구조론 72
판상절리 34, 36
편마암 41
평야 18, 49, 187~189

포천 26, 27, 32~34, 42, 124
포트홀 130, 132, 133
폭포 27, 28, 120, 125, 203
표준화석 115
풍화 34, 53, 54, 57, 60, 61, 125, 149, 159, 164, 183, 185, 214, 221

ㅎ
하식 동굴 28
한강 14, 15, 18, 19, 118, 188
한라산 203~205
한반도 지형 18, 46~49, 113, 121, 190
한탄강 26, 27, 29~32, 35, 42, 124
해식 동굴 28, 173, 176, 177, 220
해식애 147, 149, 175, 176
현무암 31, 34, 35, 126, 160, 214
협곡 27~30
호미곶 142~144
호박소 156
화강암 18, 57, 60, 93, 125, 156
화산 24, 27, 34, 36, 72, 74, 121, 124, 155, 174, 175, 183, 203~206, 208~212, 216, 217, 219, 223
화산섬 203, 205, 216, 217
화산탄 208, 210, 211
화성 145, 146
화성암 92, 114, 155
활옥동굴 79~84
흔적 화석 134

초등학생이 꼭 알아야 할 대한민국 국토 지질 명소 36

1판 1쇄 펴낸 날 2024년 5월 20일
1판 2쇄 펴낸 날 2024년 11월 10일

기획 최문희
지은이 이효녕, 최문희, 김경석, 권유지
감수 경북대학교 지구과학교육 연구실
그림 박주희

펴낸이 박윤태
펴낸곳 보누스
등록 2001년 8월 17일 제313-2002-179호
주소 서울시 마포구 동교로12안길 31 보누스 4층
전화 02-333-3114   **팩스** 02-3143-3254   **이메일** viking@bonusbook.co.kr
블로그 http://blog.naver.com/vikingbook   **인스타그램** @viking_kidbooks

ⓒ 이효녕, 최문희, 김경석, 권유지, 2024

- 이 책은 저작권법에 의해 보호를 받는 저작물이므로 무단전재와 무단복제를 금합니다. 이 책에 수록된 내용의 전부 또는 일부를 재사용하려면 반드시 지은이와 보누스출판사 양측의 서면동의를 받아야 합니다.

ISBN 978-89-6494-688-6 73980

바이킹은 보누스출판사의 어린이책 브랜드입니다.

- 책값은 뒤표지에 있습니다.